AF589563

ÉTYMOLOGIES

DU

PATOIS POITEVIN

DICTIONNAIRE

ÉTYMOLOGIQUE

DU

PATOIS POITEVIN

PAR

GABRIEL LÉVRIER

NIORT

IMPRIMERIE TH. MERCIER

Rue des Yvers, 1

M DCCC LXVII

INTRODUCTION.

Reconstruire le passé par l'imagination est une satisfaction à l'usage de tous les hommes et dont peu de personnes se montrent exemptes, car cette aspiration à revenir sur nos pas est un besoin pour les âmes rêveuses comme pour les esprits attristés par les luttes de la vie; plus d'un malheureux évoque le souvenir des ancêtres dans la conviction que sa race a vu des jours meilleurs ou plus glorieux.

Les poètes, plus que tous les autres, cheminent volontiers, aux risques de s'égarer, dans les sentiers obscurs de l'antiquité; puis, à leurs côtés, viennent les historiens, subissant à leur insu un peu le culte du vallon sacré. S'il est donné à tous les êtres pensants de se plonger avec joie dans ce qui a existé, l'historien jouit doublement de cette vie rétrospective, car, indépendamment de ses aspirations naturelles, il est guidé par le savoir.

Non loin de ces hommes d'élite, à demi cachés dans l'ombre de leur renommée, apparaissent de timides écrivains dont l'unique ambition consiste à implanter çà et là quelques jalons, à donner de faibles points de repères, à jeter des bases pour les puissants architectes destinés à édifier les monuments de l'intelligence.

Le travail offert en ce jour au public n'a nulle prétention à l'érudition, il n'est que le fruit de patientes recherches, et s'il peut servir un jour à faciliter une œuvre plus importante à une plume plus accréditée, son auteur se trouvera suffisamment récompensé.

S'il se rencontre dans la foule un esprit chagrin ou ignorant, disposé à blâmer des tendances aussi justes qu'intéressantes, et si, prenant un ton doctoral, il vient affirmer que nous n'avons besoin d'être instruits de ce qu'étaient, faisaient et disaient nos pères, nous lui répondrons que le présent est le fils du passé; or, nul ne doit renier son auteur.

A notre époque plus que jamais, la curiosité nationale cherche à connaître tout ce qui se rattache aux premiers habitants de notre sol; cette influence vient-elle d'en haut, et César est-il destiné à répandre chez nous le goût de ce genre d'histoire? Nous n'osons l'affirmer; mais enfin, le vent souffle de ce côté, et nous considérons comme très légitime ce mouvement général qu'on retrouve dans les plus humbles localités. Puis dans la phase de nivellement social que nous traversons, où le langage, les mœurs et les coutumes tendent à l'uniformité sur toute la surface de la France, peut-être même sur celle d'une grande partie de l'Europe, il est du devoir des amis de l'histoire de préserver d'un naufrage complet les plus petites épaves du passé.

Notre essai sera l'histoire philologique du patois Poitevin, où dominent distinctement quatre langues principales: le celtique, le latin, l'anglais et le français.

Nous ne nous attacherons qu'aux origines de ces quatre langues, ne prenant même dans le patois que les mots offrant certaines difficultés étymologiques. Ce que nous offrirons au lecteur suffira largement pour lui donner une idée du langage de nos campagnes, de son antiquité et du génie qui a présidé à sa construction.

PICTES & POITEVINS

HISTOIRE & PHILOLOGIE

Les Pictes furent nos ancêtres ; nous tenons d'eux un immense héritage : ils ébauchèrent notre civilisation, créèrent la plupart de nos villages, et jetèrent les bases d'un bon nombre de nos villes. Chaque jour nous foulons à nos pieds les forêts par eux consacrées au culte de Teutatès et d'Hésus, ainsi que les sillons tracés par leurs charrues grossières.

Les traces d'un peuple s'effacent difficilement, et peut-être, en scrutant bien les mœurs actuelles et populaires, trouverons-nous des vestiges de ces âges reculés.

Plusieurs auteurs ont écrit sur les Pictones ; nous allons en citer quelques-uns et reproduire des passages de leurs livres, témoignant le mieux de la vérité.

Voici ce que dit M. Dufour.

« Les habitants de la Gaule-Keltique ne nous sont connus que par les écrits des Grecs et des Romains. Tous les peuples ou peuplades de la Keltique parlaient le même langage et vivaient sous les mêmes lois, suivant le témoignage irrécusable de César. Les Pictes ou Pictons faisaient alors partie de la Keltique. Ce ne fut que vers l'an 727 de Rome qu'Auguste, dans la nouvelle division qu'il fit des Gaules, réunit leur territoire à l'Aquitaine. On peut conjecturer, peut-être sans erreur, que les Pictes étaient une peuplade ancienne et indigène dans la Gaule. Cette hypothèse semblerait pouvoir se justifier : 1° Par la position géographique de ces Pictones, dont le territoire était comme enclavé dans celui des *Lemovices*, peuple d'origine gothique, qui s'était emparé de vive force de la majeure partie du pays primitivement occupé par ces premiers. 2° Les noms latins *Pictes*, *Picti*, *Pictones*, *Pictavi*, ne sont qu'une même dénomination qui exprime la coutume qui régnait parmi eux de se tatouer ; ainsi Pictons signifie littéralement les peints, les tatoués, ce qui dénoterait qu'ils étaient d'une origine fort ancienne et fort attachés à leurs antiques coutumes. 3° Le Poitou, antérieurement à la conquête des Francs, comportait sur son territoire les descendants de quatre anciens peuples : Les Pictones, Keltes d'origine, qui ont donné leur nom à la province ; les Lémovices Méditéranei ; les Lémovices Armoricain ; les Agésinates Cambolectri, Keltes d'origine ; enfin, sous le déclin total de l'empire romain d'Occident, les *Teifales*, tribu Gothe. »

Cette note remarquable, autant par ses déductions que par le savoir, nous laisse peu à désirer sur le pays, sur l'antiquité et sur l'usage qu'avaient les Pictes de se tatouer, seulement leur nom ne signifie pas peints, mais piqués.

Voici ce que dit à ce sujet l'auteur des Origines Gauloises :

« Le mot Pictes, dans la langue des Bretons, signifie proprement piqueté, marqueté, moucheté. Le latin Pictus, peint, s'est formé par antiphrase du celtique *Pik*, latin *pungere*, piquer avec une pointe. Le Gallois dit *Pig*.

» Les peuples du Poitou, *Pictones*, si vous voulez *Pictavi*, étaient dans l'usage, de même que les Pictes, de se scarifier les chairs.

» Une analogie de nom, quelques rapports entre ces deux peuples dans les mœurs et dans les coutumes, parurent sans doute des raisons suffisantes à Jean Picard, et au célèbre J. Scaliger, pour faire descendre les Poitevins des Pictes de l'Ile Britannique. Ces derniers, vaincus par les Ecossais, passèrent sous leur domination vers l'an 740. Ces deux peuples, depuis cette époque, ne forment qu'une même nation. »

L'auteur des Origines Gauloises ne décide rien au sujet de la descendance des Pictes; viennent-ils ou non de l'Ecosse, il se refuse à trancher la question, cependant dans son livre on trouve cet alinéa : « D'après l'opinion la plus générale sur la descendance de plusieurs peuples, il paraîtrait que les Normands sont sortis des Danois; les Bourguignons des Boïens, qui s'établirent dans la Bohême et la Bavière; les Picards des Flamands; les Poitevins des Pictes, représentés par les Ecossais. »

Notre intention n'est point de trancher cette question difficile, seulement, qu'il nous soit permis de faire remarquer certain rapprochement de langage entre les Poitevins et les Ecossais. En lisant un ouvrage de Walter Scott, les Puritains d'Ecosse, nous fûmes surpris de trouver dans les premières pages le mot *Gramoches;* ce mot, nous dit le traducteur, signifie guêtres. Versé depuis longtemps dans la pratique du patois Poitevin, nous nous rappelâmes que chez nous on appelle les guêtres des *Gamaches*. Il est évident que ces deux expressions n'en font qu'une, et même il est extraordinaire qu'elles ne varient pas davantage dans leur orthographe. Il y a moins d'un demi-siècle nos paysans portaient encore de longues guêtres d'étoffe; ces guêtres, qui jadis complétaient le vêtement inférieur avec les braies, ne devaient pas survivre à celles-ci, puisqu'elles n'avaient plus leur raison d'être. Les *Gamaches* furent repoussées par le pantalon, et il ne nous reste, de leur antique usage, qu'un nom établissant peut-être notre parenté avec les montagnards écossais. Le celtique dit *Camaichenn.*

A côté de ce mot significatif, puisqu'il a trait à un costume identique ici et là-bas, nous plaçons un autre mot non moins remarquable et se rapportant à un usage journalier dans les deux pays. *Piche*, en Poitou, signifie pot à boire; il paraît qu'en Ecosse c'est la même signification. Voici ce que nous apprend à ce sujet l'auteur du Petit Glossaire Poitevin : En écossais, un pot s'appelle *Pig*, et l'on connaît dans le pays, sous le nom de *Bicker*, un gobelet d'étain ou de bois qui est en usage dans les classes inférieures.

Si nous revenons à l'étymologie du nom de Pictes, nous lisons encore dans les Origines Gauloises : « Sidoine Apollinaire nous apprend que les Pictes étaient en possession de ce nom avant la conquête que les Romains firent de l'île Britannique. Les Pictes empruntèrent leur nom de l'usage où ils étaient de se faire des incisions sur les chairs et d'y introduire la préparation de couleur bleue, nommée *Glastum*, dont parle Pline. »

Nous voici en possession de deux mots d'une notable importance, ces mots sont *Pig* ou *Pik*, piquer, et *Glastum*, bleu.

De *Pig* et *Pik*, le patois poitevin a fait *Pic*, houe à deux pointes, Pic, oiseau, et de ce dernier *Epivarder*. Epivarder signifie disperser avec le bec; nul n'ignore que l'oiseau le plus actif, et se servant le mieux de son bec, soit le pivert. Par extension, le patois applique ce mot ingénieux aux personnes, particulièrement aux mauvaises langues toujours disposées à *épivarder* les défauts d'autrui.

Après ces expressions, nous trouvons encore *piger*, piquer, creuser; puis *pigouille*, longue perche servant à conduire un bateau, et *pigouiller*, piquer dans l'eau.

Le mot *glastum* nous fournit une autre série d'expressions ayant toutes trait au pain. Ces expressions sont : *glamot*, *gllet* ou *aillet*, et *alise*. Du pain *glamot* est celui dans lequel entrent des graines étrangères qui lui donnent une teinte bleuâtre ; le pain *gllet* ou *aillet* est un pain mal cuit, ce qui rend sa coupe bleue, surtout à la partie inférieure ; enfin, l'*alise* est un pain composé de restes de pâte ramassés au fond et autour du pétrin, ce qui d'ordinaire en fait un tout très *gllet*.

Le pétrin, dans les campagnes, est appelé *met*, dans le vieux français nous trouvons *maie*. Cette expression remonte-t-elle jsuqu'aux Pictes ? Nous ne pourrions l'affirmer, quoique cela soit probable, comme pour la plupart de nos expressions monosyllabiques ; dans le doute, nous saurons nous abstenir, et si nous en entretenons le lecteur, c'est afin de lui faire remarquer le mot *matayon*, employé par le patois poitevin, qui vient évidemment de *met*. Ce mot, *matayon*, signifie grumeau, et ne s'applique qu'à la farine mal délayée ; il a pour synonime *magloton* ou *maglot*, qui n'est que le renversement de *glamot*.

Cet usage du *glastum* ou *glas*, couleur bleue, au sujet duquel nous lisons cette ligne : « Ils se scarifiaient la chair, et à l'aide d'une pointe, ils formaient sur leur peau des dessins de couleur bleue, » cet usage, disons-nous, n'est pas entièrement disparu de nos mœurs, ou du moins, il y a peu d'années, il existait encore. Combien de fois n'avons-nous pas vu, sur les bras et sur la poitrine des hommes de peine et des ouvriers, des dessins bizarres, de couleur bleue, représentant des outils de leur profession, des emblêmes, des figurines, ou même des armes, des drapeaux et des devises.

Un grand nombre d'écrivains se sont occupés de l'origine des Celtes et des impérissables monuments de leur culte, dont on trouve la trace en tant de lieux, et particulièrement en certaines localités du Poitou. M. Ch. Arnauld nous fournit de précieux renseignements au sujet du culte des Gaulois, nous les reproduisons en ce qu'ils ont trait à notre pays. « Quelle fut la destination des monuments celtiques? »

D'après les recherches de plusieurs antiquaires, quelques-uns ont reçu la dépouille mortelle d'illustres guerriers; presque tous ont servi d'autels, et le sang des victimes les inonda souvent. Des fouilles ont été faites sous les dolmens: Qu'ontelles produit en France et en Angleterre? Quelquefois rien; mais, quelquefois aussi, des haches de silex, des flèches et des ossements humains. D'ailleurs, les motifs et les circonstances qui firent élever les monuments de ce genre durent souvent changer, comme semblent le prouver les formes différentes que l'on observe dans leurs constructions. En effet, en examinant de nouveau par la pensée les monuments que l'on peut visiter, de Saint-Maixent à Brieuil, on verra qu'ils se distinguent tous par quelque différence. La table des uns est horizontale, celle des autres est inclinée; sur la surface de l'un on voit un cercle, une rigole, sur la surface de l'autre, des inégalités causées par le temps; l'un est supporté par plusieurs piliers, l'autre repose sur la terre. Tout prouve que ces diverses pierres furent érigées pour des causes différentes, et virent s'accomplir des cérémonies qui durent souvent varier et changer. Ce qu'il y a de certain, c'est que les dolmens servaient, dans la Gaule, à l'accomplissement des cérémonies sacrées. C'est sur leurs tables agrestes que les druides consultaient les victimes qu'ils venaient d'immoler; c'est de là qu'ils parlaient au peuple pour le frapper et l'émouvoir. Presque tous ces monuments que nous voyons aujourd'hui en plein air, aux rayons du soleil, étaient autrefois placés à l'ombre des chênes, dans l'immense forêt qui portait le nom de *Vauclair*. C'est là qu'ils entendirent la grande voix des cérémonies religieuses; c'est là qu'ils virent de nombreuses assemblées, maintenant ils sont seuls.

L'érection de plusieurs dolmens remonte aux temps les plus éloignés, car les premiers autels élevés à la Divinité furent presque partout de pierres sans travail et sans art. Il est dit dans l'Exode : Si vous élevez un autel, vous ne le bâtirez point de pierres taillées, ou si vous employez le ciseau, il sera souillé.

Quinze cents ans avant Jesus-Christ, Moïse recommandait aux Hébreux : « Lorsque vous passerez le Jourdain, vous érigerez de grandes pierres, vous les élèverez sur le mont Hebel, et vous les enduirez de chaux ; vous dresserez là, au Seigneur votre Dieu, un autel de pierres que le fer n'ait point touché ; qu'elles soient brutes et non polies, et vous offrirez des victimes à Dieu. »

Il ne faut point s'étonner de ce rapprochement entre les Hébreux et les Pictes ou les Celtes en général, car il est des auteurs qui leur donnent la même descendance, notamment Jean Reynaud. Quoiqu'il en soit, on trouve aussi dans le celtique et le grec plusieurs mots sanscrits. Le patois poitevin peut contenir plusieurs de ces mots, peut-être en distinguerons-nous quelques-uns ; en attendant, nous en fournissons un des plus employés, c'est celui de *dorne.*

Dorne, *darana*, *gremium*, lieu où la femme tient l'enfant dans ses bras (1).

On appelle également *dorne*, en poitevin, la tablette du four, et enfin *dornée*, un plein tablier d'objets quelconque.

Nous lisons dans *Un million de faits*, aide mémoire des plus utiles : « La parenté des langues celtiques avec le sanscrit a été prouvée d'une manière irrécusable dans un mémoire de M. Pictet, couronné il y a quelques années par l'Académie des inscriptions. De plus elles offrent une analogie très remarquable avec le grec et le latin. »

Quant au berceau de tous les Celtes, si nous en croyons Michelet, on doit le placer dans l'Inde, d'après cette phrase prise dans la préface de la Bible de l'humanité :

(1) *Les Antiquités celtiques de la Vendée*, par l'abbé Baudry.

« Mon livre naît en plein soleil, chez nos parents, les fils de la lumière, les Aryas, Indiens, Perses et Grecs, dont les Romains, Celtes et Germains ont été des branches inférieures. »

En cela, la Tour-d'Auvergne est d'accord avec Michelet, seulement il dit que tous ces peuples étaient les Scythes, désignés par les Grecs sous la dénomination générale de barbares, habitant en Asie les contrées situées au-delà de la mer Caspienne.....

L'âge de pierre, indépendamment d'autels nombreux, a laissé d'autres traces dans le Poitou : En maints endroits, on a trouvé des tumulus remarquables, notamment celui de Bougon, qui recelait un nombre considérable d'ossements et quelques ustensiles à l'usage des Pictes. Dans presque toutes les localités très boisées, accidentées et fournies de grosses pierres, pour la plupart siliceuses, on a trouvé des haches, ou des couteaux en silex blond, le silex de la pierre à fusil. Un chercheur de mérite a même fait la découverte d'un atelier où se confectionnaient, en silex, les instruments primitifs des Pictes. On mentionne également une grande quantité de cavernes, dont les fouilles ont donné une foule de vestiges intéressants. Ces cavernes servaient de refuges secrets aux Gaulois, et même quelques-unes de lieu de sépulture. Beaucoup de ces refuges sont encore ignorés de nos jours, mais les savants, qui aiment à les explorer, en dévoilent les mystères de temps à autre.

Une multitude de localités ont gardé des noms celtiques ; ces noms, comme cela se pratiqua dans tous les temps, sont pris dans la nature et tiennent à la constitution du sol ou à la topographie du pays ; ils signifient généralement cours d'eau, montagne, vallon, rocher, marais, bois, source, caillou, etc...

Dans la Vienne, existe la chaume de *craig*, ce mot signifie pierre.

La ville de Loudun tire son nom de *Lok dun*, c'est-à-dire un lieu, une demeure sur une dune, sur un monticule. La rivière de Melle tire son nom de deux syllabes celtiques, *ber roth*, ce qui donne Béronne. *Ber* signifie petite, *roth*, roue, c'est-à-dire petite roue. La Béronne, comme le Rhône, qui a la même étymologie, fait une foule de détours. Nous ferons observer que l'abreuvoir de Melle se nomme La Gour, et que ce mot, en bas-breton, veut dire abreuvoir, étang, nappe d'eau (V. *Guieure* ou *Gouer*).

Eva, en bas-breton, signifie eau; aussi trouvons-nous quelques localités de ce nom dans les sols à fonds argileux, tels sont : Availles-Limousine, Availles-sur-Chizé, Availles-Thouarsais, plus quelques menus villages.

Le mot *val* est gaulois, nous avons bien des endroits de ce nom.

Dans un ouvrage de M. de La Fontenelle de Vaudoré, nous voyons que la dive du nord se nommait *diva*. Cette appellation s'explique par ces lignes, tirées des Origines gauloises : Nos premiers parents ne se désaltéraient avec d'autre boisson qu'avec celle que les fontaines et les ruisseaux leur offraient; de là vint, au rapport de Procope, l'usage des Celtes et des Germains de rendre aux fontaines un culte religieux. Le même auteur ajoute que tout ce qui contribuait au bien-être des hommes dans les premiers âges du monde, obtenait sans peine les honneurs divins.

Un nom très répandu dans le Poitou est celui de *Chaillé*. Nous avons Chaillé-les-Marais, Chaillé-sous-les-Ormeaux, Chail et Chaillé, près Melle, et d'autres sans doute qui nous échappent. Toute les localités de ce nom recèlent plus ou moins de silex, car ce nom de *chail* qui l'exprime est, croyons-nous, celtique; il est dur et monosyllabique comme l'aimaient les Gaulois, qui faisant un grand usage de la pierre tranchante et résistante, devaient la désigner par un nom spécial. Il en est qui font venir *chail* du latin *callis*; nous croyons au contraire que le dernier vient du premier.

Il nous serait facile de reproduire une infinité de noms de villages, de terres, de bois et de sources d'origine celtique, et pour cela il suffirait d'ouvrir quelques matrices cadastrales; mais outre que ce travail entraînerait à trop de longueurs, il serait assurément fastidieux. Nous nous bornerons à des exemples pris dans une contrée de nous bien connue et qui, pensons-nous, suffiront à prouver combien sont ineffaçables les marques du passage des premiers possesseurs du Poitou. En effet, dans le trajet de quelques kilomètres seulement que nous allons parcourir, le lecteur trouvera des noms Celtiques, Gallo-Romains et Anglais.

Nous sommes dans le canton de Celles, et nous allons faire le tour de cette localité. Notre point de départ est le *Luc*, village où tout récemment on a trouvé des vases Gallo-Romains. Le *loc*, en bas-breton, signifie un lieu, une place, une demeure, de *luc* le latin a fait *locus*, le français *logis*. Le *Luc* était donc un lieu principal où nous trouvons encore un bois qui se nomme le *Bois-Saint*.

Dans le vallon voisin, nous voyons un cours d'eau du nom de *Doi*, en gallois *doy* signifie deux. En effet, il se rencontre là, dans le même bassin, deux sources abondantes. Sur le côteau qui domine ce vallon s'élève le *Chironnail*. M. Beauchet-Filleau nous dit que *chiron* vient du grec σκιροσ, moëllon. Il ajoute, dans le *Glossaire* du patois poitevin : « Il y a près de Chef-Boutonne le champ des Chirons, qui doit son nom à la présence de quinze ou vingt énormes amas de pierres; ces chirons ayant été détruits et les pierres enlevées, il s'est trouvé que ces prétendus chirons étaient des tombelles qui recouvraient des squelettes, et n'étaient autres que des sépultures gauloises. » Un érudit, au congrès archéologique de Fontenay-le-Comte, a tranché cette question, car nous lisons dans un compte-rendu :

« Une dernière question de la période gauloise appelait l'attention sur le patois bas-poitevin, et mettait les philologues en demeure d'y rechercher des mots d'origine celtique s'il en existait encore. Un seul d'entre nous, vous le savez bien, Messieurs, était apte à répondre avec autorité, et M. Cardin, notre docte confrère, qui pouvait s'étendre longuement sur une pareille question, s'est contenté, suivant son habitude invétérée de modestie, de rappeler seulement l'origine et la signification des mots *chiron* et *ingrandes*, dont le premier répond à tumulus de pierres, et le second au mot latin *fines*, frontières.

Si nous continuons à nous diriger vers le nord, nous atteignons le pic, nommé *pied-de-coie*, c'est-à-dire pic de la gourde, *coie* signifie gourde ou coloquinte. A trois cents mètres plus loin nous sommes à la *Garzelle*, en celtique *garz* signifie *haie* ; en effet, là se trouve la lisière des grands bois de Celles, bois jadis beaucoup plus vastes que de nos jours, et où les sombres mystères des druides ne manquèrent pas de se produire, ainsi que l'indiquent de gigantesques pierres dont la forme, la pose et la situation trahissent les autels d'un culte antique.

Trois menhirs sur la même ligne, distants de douze à quinze mètres entre eux, le plus élevé au milieu, et atteignant une hauteur de cinq mètres environ, sont là, debout depuis des siècles; une pierre plate, inclinée au levant, longue de trois mètres et large de un mètre cinquante centimètres, se trouve également sur la ligne des menhirs. Ces pierres, considérées comme l'une des curiosités du pays, se nomment les Rocs de la *Baisse*, ce qui indique leur situation sur une pente très rapide.

Ces monuments celtiques sont dans un bois dont le nom est des plus caractéristiques, c'est celui de *Fontardiou.*

Ce nom de *Fontardiou*, qui signifie fontaine du Dieu, *ar*, en celtique, répondant à l'article, vient d'une fort belle source qui s'échappe du bois et coule dans le chemin voisin. Les Gaulois avaient un culte pour les pierres comme pour les fontaines, culte qui n'est pas encore entièrement oublié, si nous en croyons ces lignes de M. Ch. Arnauld :

« Néanmoins ce culte s'est conservé jusqu'à nos jours, malgré l'influence des siècles, malgré les lumières réunies par des luttes diverses ; en effet, chaque année de nombreux pélerins vont s'agenouiller au rocher connu sous le nom de Pas-de-la-Vierge. A la Révolution, les vieilles femmes d'Amuré portaient leurs offrandes aux deux pierres qu'on y voit. Enfin, le culte des fontaines existe encore, comme on peut s'en convaincre en songeant aux pélérinages qui s'accomplissent chaque année dans l'île de Magné, à la chapelle de Sainte-Macrine, près Niort. La religion des druides s'est conservée parmi nous avec une facilité d'autant plus grande, qu'il y avait un grand nombre de monuments. »

En face des pierres de la Baisse, sur le coteau opposé, est le village de la *Carte* ; ce nom vient-il du mot écarté ou de celui de *scarp*, en breton escarpé ? Ces deux hypothèses sont admissibles, car ce village est dans un site très sauvage et d'un abord difficile. Plus loin, est le vieux castel de Vilermat (*Villa Armata*) ; plus loin encore, on découvre les chataigniers de *Mortaigre*, c'est-à-dire *Morte-aigue* ; ce lieu étant très plat, les eaux y stagnent constamment. Du pied de la butte de Vilermat sort la fontaine du peu. Le mot *peu*, comme celui de *puy*, signifie élevation, mamelon. Cette source est la première qui donne naissance à la rivière la Belle. Quelques étymologistes pensent que ce nom de *Belle* vient de *Bel*, dieu des païens. Bélial fut-il adoré chez nous comme dans la Bretagne, aurions-nous indiqué sa fontaine sacrée, son ruisseau saint, et ses pierres où ruissela le sang des holocaustes ? C'est dans les choses possibles, et cela se corrobore encore par l'étymologie suivante : « A trois kilomètres de ces lieux pittoresques et saisissants, est Beaussais (*bal ciacum*, haut lieu consacré au dieu Baal ou Bel). »

Entre Vilermat et Beaussais, est le bois d'*Enfiré*, que nous citons pour donner la preuve d'une trace anglaise dans cette contrée. *Fire* signifie embrasement, feux ; il n'y a donc aucune témérité à penser que les Anglais, par un motif quelconque, incendièrent ce bois et son village Eclop-Genet.

Entre Beaussais et Vitré coule le *Lambon*, petit ruisseau qui caresse ses bords, comme l'indique son nom latin *lambo*. Au-dessus est le village de *Crouson*, sans doute de *Krouzel*, sommet, mot celtique que nous retrouvons souvent dans nos plaines (1), mais toujours appliqué à des lieux élevés. Quant au village de Crouzon, il couronne une petite montagne.

Dans quelques pas nous atteignons *Vitré*, qui n'est peut-être pas étranger à *Vitiris*, divinité de l'Armorique.

Une nouvelle hypothèse nous est inspirée par l'*Armorial du Poitou*, de M. Gouget. Il dit, page 103 : « Vitré..... Louis Coyaut, sieur de la Bretannière-Sainte-Marie (on prononce la Bretamerie). Le lieu ainsi désigné touche Vitré à gauche, et à droite un carrefour nommé foule ou fol-breton. Ne pourrait-on croire que des Bretons auraient créé le village de Vitré, ainsi nommé en souvenir de la patrie, et donné par antithèse à la Vilaine le nom de Belle au ruisseau.

D'une traite nous allons de Vitré à *Thorigné*, dont le nom, pensons-nous, vient de *Thor*, surnom de Jupiter. *Thor* est un mot celtique dérivé de *thori*, qui signifie en breton briser, rompre, foudroyer. Nous pourrions, continuant cette course géographique, citer un peu plus loin Verruye, Ecravois, La Crouzille, Almeil, *Garochet*, qui vient de *garo*, raboteux ; puis *teil*, *monteil* et *courteil*, dont le radical *teil* (2) signifie fumier, litière ; *Triou*, dont l'origine celtique *tréo* signifie territoire.

Enfin, si nous allons au-delà des limites dans lesquelles nous

(1) Dans tout le Poitou on trouve le nom de Crousille.

(2) *Til* fait tilleul.

nous sommes renfermés, nous trouvons une foule de lieux, de localités, des gros bourgs gardant encore des noms remontant à deux ou trois mille ans. Nous n'en citerons que deux, car cette nomenclature deviendrait fastidieuse. Nous choisissons des endroits très connus :

Breloux, vieux bourg au bord de la Sèvre, souvent inondé par ses flots, tire son nom de *Brulou*, dont la signification est flot.

La *Crèche*, localité voisine de Breloux et bâtie sur le coteau, tire son nom de *Krec'hen*, colline.

Le lecteur a pu remarquer que nous donnons parfois à nos expressions gauloises le breton, le gallois et le celtique indifféremment pour origine, c'est que pour nous c'est la même chose et n'en voulons pour preuve que la citation suivante. M. Amédée Thierry dit, dans son introduction à l'histoire des Gaulois, page 96 : « On trouve encore aujourd'hui, dans quelques cantons de France et d'Angleterre, le reste des langues originales ; la France en possède deux : le basque, parlé dans les Pyrénées-Orientales, le bas-breton (ou gaulois armoricain), plus étendu naguère, resserré maintenant à l'extrémité de la Bretagne ; — l'Angleterre, le gallois, parlé dans le pays de Galles. »

Etayé de cette autorité, nous continuerons de donner les vestiges de la langue celtique trouvés dans notre patois avec les mêmes formules.

Les habitations gauloises étaient de forme ronde ; celles des Pictes ne s'éloignaient en rien de ce genre de construction. Les Poitevins laboureurs, surtout ceux des contrées boisées, créent encore des servitudes qu'ils appellent *loges*, comme la tradition leur apprit à les bâtir. Ces loges sont ordinairement en pierres sèches et recouvertes de chaume ou de bruyère. Jadis ces constructions se nommaient *burons*, mot celtique de nos jours peu employé en Poitou, mais qu'on retrouve encore dans les vieilles chansons.

Ce qui rapproche le plus de ce mot, dit M. Ch. Expilly, dans la *Cabra d'Or*, c'est le mot gallois *bwra* (pour *boura*), qui signifie particulièrement et spécialement, la petite enceinte, l'enclos attenant à une ferme. On trouve aussi le même mot en ancien haut-Allemand, *bur*, métairie, et *buring*, métayer, fermier. »

Les Poitevins désignent un pauvre logis, une masure habitée, par le mot *turne*. Il est probable que cette expression populaire remonte au temps des misérables *burons* qui avaient la forme d'un tour. Il est vrai que l'Anglais a *to turn*, mouvoir en rond, peut-être cette étymologie est-elle plus près de la vérité.

Si du logement des Pictes nous passons à leur toilette, nous apprenons qu'ils portaient, ainsi que les Poitevins du siècle dernier, de longs cheveux coupés en ronds et tombant sur les épaules ; leur saie gauloise, sorte de vêtements sans manches, faite du poil des animaux, n'a laissé que le nom, et tous les poils, soies et crins se nomment *saie* ; quant au bonnet de laine de leurs aïeux, il est encore en honneur.

Les chaussures des Pictes se nommaient *solès*, celles des paysans actuels se nomment *galoches*, ou souliers à semelles de bois. Il parait que les *solès* étaient semblables. La *galoche* est donc toute gauloise, comme l'indique son nom (*gallicæ*, chaussure des Gaulois). Le *boc* ou *bot*, en usage dans nos campagnes, pour sabot, signifie en celtique pied. Nous avons plus haut parlé des *gamaches* et des *braies*, le costume est donc à peu près complet, si nous y joignons les *tricousses*, sorte de bas à trois pointes dont l'une tombe sur le pied et deux autres sur les chevilles, ces deux dernières réunies par un sous-pied. Ce mot est breton, comme on le verra dans le glossaire.

En bas-breton *baro* signifie *barbe* ; en Poitou, les enfants disent encore avec mépris : *tondu calorus*, *tondu barolu*. Ce refrain remonte peut-être à Charles-le-Chauve. Autrefois c'était une marque de déchéance que d'avoir les cheveux ras comme la barbe, aussi disait-on encore :

Tondu baro
Les chiens t'mangeront pre Nau.
Tondu raque.
Les chiens te mangeront pre Pâques (1).

De *baro*, le patois a fait *baroler*, c'est-à-dire-rogner la laine qui pendille aux flancs des brebis.

La nourriture des Pictes nous est peu connue ; nous savons cependant par l'histoire qu'ils mangeaient très volontiers du mouton, et nos Poitevins, pour la plupart, repoussent cette viande. Le mot *barra*, en bas-breton pain, ne se rencontre dans notre patois que dans le mot *tabarraie*, ce qui est un mélange de toutes sortes de fruits cuits grossièrement dans un pot. Ce pain de fruits, pour ainsi dire, se met parfois entre deux pâtes et forme ce qu'on nomme un *goguenion*, mot qui vient de *gogue*, ventre d'animal.

La fouasse, pâtisserie très répandue dans le Poitou, est de la plus haute antiquité; les Pictes ont dû la connaître; les Bretons lui donnent le nom de *foas* ou *fouas*.

Les Pictes aimaient le vin et s'enivraient volontiers, leur pays était très couvert de vignes ; un empereur romain voulut les faire arracher, mais la propagation n'en paraît pas avoir considérablement souffert, et voici bien des siècles que dans toutes les réunions joyeuses, on se donne un coup de *picton* en chantant ce vieux air :

Encore in p'tit brandevin
Pour nous remettre en train.

(1) C'est l'époque de la Tonte, et le peuple, comme cela se voit encore, répugnait à manger du mouton qu'il donnait aux chiens.

Les Celtes appelaient le vin *gwin* ou *gouin*, Les Poitevins ont conservé cette prononciation, car ils ne disent pas vin, mais *vouin*.

Ici nous arrivons naturellement à chercher s'il y a quelques similitudes entre la prononciation des Pictes et des Poitevins.

« Les Gaulois, au rapport de Saint-Jérôme, avaient une prononciation aspirée et sifflante que les latins s'attachaient soigneusement à éviter, comme nous le voyons faire de nos jours aux jeunes gens de nos campagnes, désireux de fréquenter les villes et devenir autre chose que de simples paysans. »

Cette prononciation, aspirée et sifflante, que la plupart de nos compatriotes ont conservée, est fort difficile à faire disparaître, et a servi bien des fois à faire reconnaître un poitevin éloigné de son pays. Elle se rencontre surtout dans les mots qui contiennent la lettre *i* et les syllabes *us*, *es*, *etis*. Le mot *jearn*, qui signifie verne, bois de rivière, et celui de *justin*, également breton, qui se dit juste, en français, vêtement de paysanne, peuvent nous servir d'exemples : *Jearne* se prononce en aspirant, de sorte que l'e muet disparaît; l'on appuie fortement sur l'*a* et sur l'*r*, et cette dernière roule un peu dans le gosier; la dernière syllabe se prononce comme à l'ordinaire. La syllabe *us* se prononce *uche*; ainsi on dit un *juchtin*, seulement le *j* est aspiré de façon à rendre la première syllabe sifflante ; *liste* se dit *lichte*, et *Espagnol*, *Echpagnol...*

Le patois poitevin sacrifie volontiers la lettre *e* dans le corps des mots et pour *mer*, *fer*, *fier*, *amer*, il dit : *mar*, *far*, *fiar*, *amar* ; *pierre* se dit *piarre*.

La plus grande partie des mots terminant en *ot* sont des diminutifs.

Les gosiers laissés à l'état de nature aiment la rudesse dans le langage, aussi l'*a* et l'*r* s'y rencontrent-ils fréquemment. Advient-il même que l'*a* soit adouci par le voisinage de l'*i*, le patois n'en tient pas compte, et pour ne pas dire *mitaine*, *capitaine*, *fontaine*, *laine*... il préfère prononcer *mitane*, *capitane*, *fontane*, *lane*... Comme toutes les populations qui ont gardé beaucoup des auteurs primitifs, nos descendants des Pictes redoutent les mots trop longs comme une trop grande variété d'expressions, aussi les expressions d'invention purement locales sont-elles rares et voyons-nous une grande élasticité dans leurs significations.

Au reste, en cela comme en tant de choses, nos paysans sont restés conservateurs; le vieux langage disait *sarpe* pour *serpe*, le Poitevin le fait encore, mais par une singulière contradiction, lui qui repousse l'*i* quand il est nécessaire, il le met où il ne le faut pas et c'est pour cela qu'il prononce *âge*, *aige*, *courage*, *couraige*, etc. Ici encore il a gardé la tradition. Le patois affectionne les terminaisons en *a* et toutes celles en *eau* ou *o* lui sont sacrifiées, *manteau* fait *manta* et le *maro* celtique, qui signifie desséché, fait *mara*. De ce dernier mot, le patois a tiré le verbe *mareler*. Un pré est *marelé* ou à *mara* quand il a des vides, des espaces, où l'herbe est moins belle ou tout à fait disparue. Le poitevin fait un usage immodéré de l'*l* mouillée; il le doit, pensons-nous, à la langue romane, c'est-à-dire au mauvais latin. Il doit encore à cet idiôme le changement de l'*o* en *ou* dans le corps des mots: c'est ainsi qu'il dit: *froumage* pour *fromage* et *poume* pour *pomme*. C'est par suite de la même influence qu'il change la terminaison *oir* en *ou*: *miroir* fait *mirou*, *arrosoir*, *arrosou*, *entonnoir*, *entounou*: cependant il est des exceptions et, comme au moyen-âge, *soir* fait *ser* et *montoir*, *montouer*. Cette terminaison en *ou* atteint aussi les mots finissant par *il*; on dit *fourniou* pour *fournil*, *feniou* pour *fenil*, *courtiou* pour *courtil*... Il est des exceptions, ainsi *péril* fait *péri*, *outil*, *outi*, *coutil*, *couëti*... D'autres prennent la terminaison *ail* ou *eil*, selon les localités, car le patois varie à l'infini: *persil* fait *parsail*, *fusil*, *fousail*, *baril*, *barail*... Les mots *orgueil*, *tilleul*, *seuil*, comme autrefois se prononcent: *orguiel*, *teil*, *seil*... On dit toujours: *soulail*, *vremail*, *ail*, pour *soleil*, *vermeil*, *œil*.

Il y a toujours transposition de lettre dans le corps des mots pour la syllabe *er*; on ne dit pas *bergère*, *permission*, on dit : *bregère*, *premission...*

Dans le corps des mots et à la fin, les syllabes *am*, *an*, *en*, *ent*, se prononcent *on : amant* fait *amont*, *imprudent* fait *imprudont...*

Au commencement d'un mot *or* fait *our*, *orfèvre* fait *ourfèvre*, *portail*, *pourtail...* Cette prononciation vient sans doute du celtique, puisque dans cette langue *or*, métal, se dit *aour*.

Souvent *ne* se change en *gne* : *frêne* fait *fragne*, *chêne*, *chagne*, *verne*, *vargne*, *troëne*, *trougne...*

La syllabe *er*, se dit *ar : verdure* donne *vardure*, *verbe*, *varbe...*

Plusieurs terminaisons en *eux* se changent en *oux*, *galeux*, *galoux*.

Au dans le corps des mots et au commencement fait *ou* : on dit *oumoune* pour *aumône*, *outomne*, pour *automne; moudit* pour *maudit*.

Les expressions *œuf*, *bœuf*, *neuf...* font *u*, *bu*, *nu...*

Comme dans le latin, *chèvre*, *fièvre*, *lèvre...* gardent le *b* et font *chèbre*, *fièbre*, *lèbre...*

La langue des Trouvères, ou langue d'oil, faisait entendre en général les deux voyelles des diphtongues : ainsi *haine* se prononçait *ha-ïne*, *roine*, *ro-ïne*, *aide*, *aï-de*, *traitre*, *tra-ïtre*, *etc*. *Oi* se prononçait *oué*, *eu* se prononçait *u*. Nous retrouvons encore cette prononciation dans notre patois.

Les mots *doigt*, *froid*, *adroit*, *endroit*, *droit...* se terminent par *et* et font *det*, *fret*, etc.

La syllabe *on* fait *oun*, *sonner* se dit *sounner*, *donner*, *dounner...* mais cela ne se produit que dans le corps des mots.

La syllabe *os* se prononce *ous*, un *costume*, un *coustume*, un *gosiet*, un *gousier*, *possible*, *poussible...*

Dans ces derniers exemples on retrouve aisément les traces de la langue latine, ainsi que dans les mots *fruit*, *bruit*, qui font *frut*, *brut*... Mais çà et là nous trouvons les accents celtiques comme dans ces derniers exemples : *armoire*, *foire*, *croire*, *poire*, font : *armère* ou *armèse*, *fère*, *crère*, *père*. Ce dernier mot est tiré du celtique *per* et signifie pyramide ; en effet la poire est de forme pyramidale.

Du vieux langage, le patois a conservé la terminaison *our* pour *eur*, et dit encore : *doulour*, *douleur*, *fllioür*, *fleur*...

Les mots *genou*, *fenouil*, *grenouille*... donnent comme au moyen-âge *geneuil* ou *genoil*, *feneuil* et *greneuille* ou *grenoille*. La grenouille appelée *rainette* se dit *ran* en breton.

Toujours comme dans le vieux langage, *trouver*, *éprouver*, *approuver*, font *treuver*, *épreuver*, *appreuver*...

Il en est de même des mots *guérêt*, *guêpe*, *guérir*... qui font *garet*, *guape* et *garir*.

Le patois n'a que trois conjugaisons : en *a* pour *er*, en *i* pour *ir* en *re* pour *oir* ; *recevoir* fait *receuvre* ; les verbes en *re* comme rendre ne varient pas.

Il nous serait loisible de donner bien des exemples encore, mais outre que nous offrons les principaux, nous croyons qu'on sera de cet avis que de même que le patois poitevin n'est qu'un mélange de celtique et de latin, la prononciation doit naturellement tenir de ces deux langues.

Si de la prononciation des Poitevins nous passons à leur physique et à leur moral, nous trouvons encore quelques citations qui suffiront à nous édifier au sujet de leur ressemblance avec les Pictes. Par les ossements trouvés dans les tumulus, on a constaté que la taille était la même ainsi que la forme du visage ; on a observé également par les dents cariées des squelettes que les ancêtres avaient transmis ces douleurs cuisantes à leurs neveux. Nous savons par l'histoire que les gauloises avaient la peau très blanche et les bras forts. Cela se voit encore chez les pauvres paysannes dont le visage brûlé par le soleil, sur le sillon qu'elles sarclent avec la *haw* antique, offre un étonnant contraste avec un sein extrêmement blanc qu'elles présentent au nourrisson dormant à l'*orée* du champ sous l'ombre d'un chêne. Ces mêmes paysannes disent à leurs enfants quand ils ont un léger mal que ce n'est là qu'un petit *babeau* ou *babo* ce mot ne viendrait-il point du Bas-Breton *babic*, enfant, et notre *bébé* serait-il autre chose? Le mot *quenaille*, petit enfant qui geint, vient du celtique *kenaw*, et a donné le verbe *quener*, pousser une plainte.

A l'égard de la bravoure militaire des Pictes, voici ce que nous apprend encore l'histoire : « Vercingétorix vaincu et la Gaule soumise; les Gaulois furent incorporés dans les légions romaines, les Pictes comme les autres ; les écrivains nous assurent qu'ils furent de vaillants soldats. »

Nous savons avec quelle indifférence tous les Celtes marchaient à la mort, non seulement ils étaient vigoureux, *druge* en patois poitevin, *Drud* en Bas-Breton, mais encore ils croyaient se revoir dans une autre planète. Cette croyance est d'autant plus admissible comme mobile à la bravoure dans ces temps reculés que nous avons vu au XIXe siècle les Vendéens marcher à la mort avec la même idée. Il n'y avait de différence que dans le lieu de résurrection.

Le Picte était de joyeuse humeur, bavard, un peu gouailleur ; nos Poitevins n'ont aucunement changé ; si la tempérance n'était pas toujours aveuglément suivie chez les premiers, les seconds la méprisent trop souvent.

L'insouciance était peu-être un peu le fond du caractère des vieilles générations et une marque de ce caractère se fait jour chez les Poitevins vers le commencement du XIVe siècle.

Dans de précédents écrits où nous cherchions à trouver l'origine de quelques expressions poitevines, où nous démontrions que *carolon*, l'ancien chaperon, coiffure du moyen-âge, venait de *carolus*, parce que les poitevins portaient ce couvre-chef au temps des Carlovingiens, nous disions également que le mot *à la gallois*, c'est-à-dire à l'abandon, avait été fourni par l'histoire.

Nous lisons dans l'histoire du Poitou en 1321 : « Le même siècle qui produisit tant d'horreurs, nous présente l'image d'une aimable folie, celle des Gallois ou Pénitents-d'Amour. On vit alors se former en Poitou une association d'hommes et de femmes dont la conduite annonçait tout le désordre de l'imagination ; c'était la confrérie des Pénitents-d'Amour, qu'on y désigna par le nom de *Gallois* et *Galloises*. Leur objet était de prouver l'excès de leur amour par une opiniâtreté invincible à braver les rigueurs des saisons. Les chevaliers, les écuyers, les dames, les demoiselles, qui étaient initiés dans ce nouvel ordre, devaient, suivant leur institut, se couvrir très légèrement dans les plus grands froids, et très chaudement dans les plus grandes chaleurs. L'été, ils avaient de grands feux où ils se chauffaient comme s'ils en eussent eu grand besoin ; l'hiver, c'eût été une honte de trouver du feu dans leurs maisons ; leurs chambres n'étaient alors garnies que de feuillage ou autres verdures, si l'on en pouvait avoir, sans doute pour faire allusion au pouvoir de l'amour qui opère les plus étranges métamorphoses.

« Chaque Gallois choisissait une femme d'un de ses confrères qui était l'objet de ses soins, et à qui il rendait des visites ; quand il entrait, le mari le laissait maître de tout, et ne paraissait point dans la maison que son hôte fût sorti : il éprouvait à son tour la même complaisance de la part de son confrère, lorsqu'il allait chez lui. »

De toute cette folie il n'est resté, pensons-nous, qu'un mot patois, *à la gallois*, synonyme de désordre.

Quoique ces faits se passassent longtemps après l'invasion des Francs ils ne nous rappellent pas moins les Pictes, ces frères des Gallois, et si ce nom fut appliqué à des personnes qui n'eurent, par l'origine, rien de commun avec les Gaulois, c'est que nous devons y voir une épigramme, une satire indiquant chez ceux-ci des mœurs légères.

Rien des créations de l'homme n'est à mépriser, et quand la tradition manque il suffit parfois d'un mot pour rétablir le passé. Notre contrée n'est point riche en traditions orales, le peuple ne sait rien de son berceau celtique, de la domination romaine, de la conquête des Francs, ni de la possession anglaise. Il ignore l'influence de tous ces peuples sur nos usages et coutumes, sur notre langue et notre foi religieuse. C'est en étudiant le langage de ses prédécesseurs qu'il apprendra ce qu'ils furent. En effet, quand dans un dialecte quelconque les mots qui se rattachent à une inclination particulière sont nombreux et variés, alors il ne demeure aucun doute sur ce que furent les créateurs de ces mots. Les peuples guerriers ou maritimes, les laboureurs et les marchands ont chacun un glossaire abondant et par cela même nous indiquent leurs penchants.

Avant de consulter quelles furent les professions favorites des Pictes, continuons d'étudier leur moral et faisons dans cette étude la part du passé et du présent.

Les Pictes étaient très ignorants et nécessairement très crédules. Comme lui, son descendant le Poitevin ajoute foi aux choses les plus absurdes : il court pour la moindre chose chez le devin et redoute le sorcier ; il appelle le toucheur et tremble de rencontrer un loup-garou.

Cette croyance en la guérison par le toucheur qui en imposant les mains murmure une formule secrète, qu'il ne révèle jamais qu'à son fils aîné, remonte au temps des hébreux. Nous lisons dans Michelet, *le Juif:* « L'homme même par l'emploi de certaines lettres, pourrait créer, pourrait guérir. »

Par suite de cette antique et bizarre conviction, nous voyons un grand nombre de guérisseurs dans nos campagnes, et comme si chaque formule, en variant, impliquait son genre de guérison, la besogne se trouve divisée à l'infini. L'un guérit les gonflements, l'autre les brûlures, celui-ci les luxations, celui-là les panaris; puis, les maux de dents, les morsures de serpents ou de chiens enragés, etc....

Le peuple, pauvre souvent, auquel il est peu demandé pour ces prétendus soulagements et ces cures douteuses, s'abandonne par économie, aussi par amour de l'inconnu, à ce genre de traitement, et en transmet la croyance de père en fils.

Quand le guérisseur se borne à réparer de faibles accidents, pour lesquels la nature fait tous les frais, le mal n'est pas considérable; mais quand, plus ambitieux, il ose s'attaquer aux graves indispositions et appliquer des remèdes, alors gare aux malades, car en tous les temps la *droch*, c'est-à-dire la drogue fut perfide.

Cependant, avant d'appeler le guérisseur, il est certains cas où le campagnard cherche à se guérir seul, par exemple dans les rhumes, les maux de gorge, les frissons, les douleurs intestinales, les défaillances, et toutes les indispositions inconnues de lui ou des siens; le remède qu'il emploie dans ces circonstances est toujours le même, et il lui donne le nom de rôtie. Cela consiste en une taille de pain grillé associée à un bon morceau de sucre, le tout bouilli dans le meilleur vin dont on dispose.

Le vase employé à la confection de ce remède énergique s'appelle *mogue*, c'est-à-dire vase allant au feu, car *mog*, en bas-breton, signifie feu.

Les Pictes connaissaient-ils cette panacée? Il serait téméraire de l'affirmer. Quoi qu'il en soit, elle est d'un fréquent emploi chez les Poitevins.

Les Gaulois employaient le guy pour tous les maux; cet usage fut assurément commun aux Pictes, qui, incontestablement, le transmirent aux Poitevins; mais de nos jours, cette plante leur est inconnue comme plante médicinale. Ni le devin, ni le sorcier, ni l'empirique, ni la commère, personne n'en fait usage. Sans doute qu'aux premiers temps du christianisme dans les Gaules il y eut des peines sévères contre son emploi, et que le souvenir du guy sacré, jadis coupé sur les vieux chênes par les druides armés d'une faucille d'or, s'est perdu.

Néanmoins la croyance à l'efficacité toute mystérieuse de quelques plantes existe toujours ; de même que le guy était récolté au moment de la nouvelle lune, les plantes dites de la Saint-Jean, considérées non comme curatives mais comme préservatrices des mauvaises influences, sont cueillies par certaine phase de la lune. Ces plantes sont le plus souvent l'orpin, la verveine et la menthe, appelée *mint* par les Bretons.

Si les Pictes eurent un culte pour la lune, elle joue encore un grand rôle dans nos campagnes, et son influence est très consultée. On ne coupe le bois, on ne sème, on ne plante, on n'arrache même que selon que la lune est vieille ou nouvelle. Il est même certains empiriques et autres guérisseurs qui n'agissent que d'après les mouvements de ce satellite de la terre.

Maintes ménagères ne mettent couver leurs volailles, et plusieurs fermiers ne conduisent les femelles aux mâles, qu'avec la permission de la vieille hécate, la *saïlla*, saillie, est meilleure.

S'il nous était possible de relater ici toutes les superstitions qui se rattachent à la lune, depuis la lessive jusqu'à la mise en œuvre de tel ou tel travail, on en serait effrayé.

Le *baccon* gaulois (cochon engraissé), ne se tue lui-même que si l'astre des nuits est dans une situation satisfaisante. Il en est qui prétendent que le feu jette beaucoup plus de *bretons*, étincelles, en celtique *bretan*, s'il a été coupé au déclin de la lune.

Nous n'entretiendrons pas davantage nos lecteurs des superstitions des Poitevins, cependant nous ne devons pas laisser passer sous silence une expression qui se rattache à notre sujet.

Dans l'ouvrage de M. Cayla, intitulé *le Diable*, au sujet du sabbat et de la faculté qu'avaient les sorciers de se métamorphoser en bêtes, ce qui leur procurait le gracieux plaisir de courir la nuit avec sa majesté Satan, il nous dit que cela s'appelait, en Poitou, la *galip'de*. Ce mot, qui peut s'interpréter par *galli pedes*, Gaulois allant à pied, indique son antiquité toute romaine, et prouve que depuis de longs siècles les Gaulois, et particulièrement les Pictes, croyaient au loup-garou.

Il est dit dans un vieux Noël poitevin :

Courir la galipote
Sans soulias, ni bas, ni bottes.

Ce mot est donc acquis à notre contrée et prend place dans notre patois.

Devant ces rapprochements, on est effrayé de la lenteur que met l'humanité à laisser tomber ses langes (*drappus* en celtique), ainsi que de la solidarité qui existe entre le passé et le présent.

Hélas ! comme le disent simultanément le Breton et le Poitevin, l'ignorant sera longtemps encore un *paour pétra*, un pauvre lourdeau.

Le savoir ne fait pas le bonheur, assure un sceptique, et les Poitevins comme les Bretons peuvent *fringuer*, de *fringal*, c'est-à-dire bondir, sauter, au son de la *vèze*, de *vez*, onomatopée, cornemuse, quand ils n'auront pas à *braminer* la faim ; ce mot vient du celtique *bram*, crier. Du mot *vèze* on a fait *vezouner*, produire un son continu comme celui de la vèze ; on a fait *vezague*, chose sans consistance comme une *vèze* ; on a fait *vezicler*, c'est-à-dire faire *vezouner* l'air avec une *vezicle*, une verge. Enfin on appelle une bâtonnade une *veziclée* ou *vezinguée*.

Parmi les locutions familières aux Poitevins nous trouvons, *marme* et *arré* ; nous ne parlerons ici que de ce dernier mot.

Le Poitevin, dans certaines localités, termine souvent sa phrase par *arré* : *Ol est de même arré ! Y ferons tchieu, arré !* etc... Cette locution a été interprétée de différentes manières ; on lui donne communément la signification de enfin, maintenant, voilà. Nous ne reproduirons point ici ce qui a été dit par divers auteurs, car nous sommes d'un avis tout à fait opposé. Pour nous, *arré* vient du breton *adaré*, et signifie outre cela, de plus, encore. Exemple : Je veux faire à mon gré, *adaré!* Je pense comme Jean, *adaré!* L'usage et la manie du laconisme ont supprimé le *d* : Il est resté *arré;* au reste le breton dit *arré.*

Si cette définition n'est pas acceptée, peut-être serons-nous plus heureux pour celle de *soula.* Ce mot exprime un grand nombre; on dit un soula de personnes, un soula de brebis, etc. En Bretagne on joue à la *soule*; ce jeu demandant un grand nombre de joueurs, on nomma ce contingent *soula.*

Ce jeu est-il venu en Poitou? c'est probable, mais il n'y est plus depuis longtemps représenté que par le nom.

Après soula, le mot le plus employé est *sacquer*, placer un objet dans un coin quelconque. Les Gaulois appelaient un sac un *sac'h.* D'après un auteur latin, la sacoche en cuir, ou sac double, que le cavalier attache à la selle, appelée *bougettes* en patois, se nommait *bulga* chez les Gaulois.

Dans une intéressante brochure publiée sur le patois de la Saintonge, par M. A. Boucherie, nous rencontrons quatre mots qu'il croit d'origine celtique. Ces mots sont : *fagne*, *musset*, *treper* et *grappe.* Nous ne faisons que citer.

1° « *Tiel enfant est tout fagnoux*, couvert de boue. » Ce mot vient de *fagne*, qui lui-même vient de *fange*, dont on a transposé le *g;* en bas-breton *fank*, en patois wallon *fanië*, *fagne.*

2° *Musset.* — Ce mot vient-il de *mussare,* bourdonner, ou de *se musser*, se cacher, se fourrer dans un lieu retiré, ou du bas-breton *musa*, flairer sentir, écornifler, vivre aux dépens d'autrui? Nous penchons pour ce dernier.

3° *Treper.* — Trépigner. La racine *trip*, *trap*, avec le sens du mouvement précipité des pieds, se trouve en latin, en allemand, en anglais, dans le celtique.

4º Par la même analogie, *grappe* vient du bas-breton *krap*, crampon, grappin. Etre *grappe*, n'est-ce pas avoir les doigts raides et crochus comme les crocs d'un grappin?

A la même famille que *grappe* appartient le français crampe. *Grampe*, engourdi, employé par Rabelais, sert de transition pour aller de l'un à l'autre.

Nous croyons qu'on peut faire également dériver de *grappe* les expressions poitevines *grapaud*, *grapauder*, *grappouiner*, qui signifient crapaud, animal lourd et engourdi; *grapauder*, monter péniblement, et *grappouiner*, marcher en se traînant. On peut aussi faire dériver les mots *grippe*, main bien fermée, *grippet*, petit chemin rapide, *grippeaut* et *grippasse*, lieux escarpés.

Un des vents les plus redoutés de nos campagnards, par suite de ses mauvais effets, est le vent de *galarne*, qui souffle du nord-ouest; le bas-breton dit *gwalarn*. Les Poitevins connaissent, comme les Bretons, le vent du midi sous le nom de *su*, dont nous avons fait sud. Dans l'esprit du paysan, *su* signifie haut, c'est pourquoi il dit le vent d'*en sus*. Par suite d'une logique peu raisonnée, il lui a donné pour voisin le vent du *bas* (sud-ouest).

Comme le sol des Pictes a toujours été très riche en cours d'eau, sources et ruisseaux, nous rencontrons dans leur langage plusieurs mots pour désigner ces objets. Nous savons déjà qu'*éva* signifie eau; de cette expression, nous avons fait *éver*, irriguer, puis *éveux*, *évissoux*, c'est-à-dire lieux mouillés, marécageux, ou tenant l'eau. Le cours d'eau ou canal qui conduit l'eau au moulin, se dit chez nous *bé*, en bas-breton *bey*; l'*évier*, appelé *bac*, n'est aussi qu'un canal. Le mot *doue*, en français *douve*, vient de *dour*; un faible cours d'eau se nomme en bas-breton *gueure*, ne serait-ce point de ce mot qu'on aurait fait *aigue*, *aiguer*, *aiguère*, *aigail*, *aigailler*?

Pour en finir avec l'eau, disons qu'en bas-breton comme en

patois poitevin, on nomme la glace *glas* ; une source cachée, ne se trahissant que par les temps de pluie ou l'hiver, se nomme en patois *naide ;* en celtique, *naiden* signifie eau coulante, dans un lit ou un canal. En passant des Pictes aux Poitevins, la signification s'est légèrement modifiée, mais elle reste commune.

Pour rendre ce travail plus complet, voici une liste des mots poitevins tirés du breton.

GLOSSAIRE POITEVIN-BRETON[1]

A

POITEVIN.	BRETON.
ABENER, v. a. — Mener à bien, réussir.	ABENN. — Directement, au bout.
ABOUIT (tomber en), loc. — Venir à rien, tomber lourdement.	ABOEZ. — Poids.
ACASER (s'), v. pron. — S'affaisser, séparer le liquide du solide par la pesanteur.	KEIZA ou KÉZA. — Oter le plus gros de la matière.
ACRENAILLER, v. a. — Rendre chétif.	(V. *Créni*).
ACUCHAIL, s. m. — Résidu, fond, reste de liquide.	KUC'HEN. — Une petite partie, un peu de quelque chose.

(1) Voir les origines gauloises, le Dictionnaire Breton-Français de Le Gonidec et le Dictionnaire Celtique de M. Bullet.

POITEVIN.	BRETON.
Acucher, v. n. — Egoutter un vase.	
Aigail, Aigue, Aiguer, Aiguière. — Ces mots ont, pensons-nous, pour radical	Guieure ou Gouer, ruisseau.
Aigrême, s. f. — Pleur. Vient d'*Aigue*. (V. *Mortaigre* pour *Mortaigue*).	
Albreter, v. a. — Frapper de çà de là.	Al. — L'un l'autre; Bert, trique ou broche, par extension aiguillon. Ce mot, en usage chez les laboureurs, signifie frapper les animaux.
Alliet, adj. — Compacte. (V. *Gllet*).	
Allise, s. f. — Petit pain fait avec les restes de pâte. (V. *Gllet*).	
Aloubi, adj. — Affamé.	Aloubi. — Empiéter, usurper.
Aloubir, v. a. — Affamer.	
Amadurer ou Amaudurer, v. a. — se calmer, supporter bien son mal.	Mad. — Bon, bien, convenable. Cette syllabe semble ajoutée à *durer*, qui signifie en patois endurer.
Andain, s. m. — Ligne de foin coupé.	Anden. — Raie, ligne, trait tiré de long.

POITEVIN.	BRETON.
ANIER, v. a. — Propager de la vermine.	NIZ. — Lente.
AQUÊTÉ, adj. — Actif, éveillé, chercheur.	AKÉTI. — Etre assidu.
ARA, s. m. — Charrue.	ARAR. id.
ARBELION ou ORBELION, s. m. — Furoncle, gros bouton.	PORBOLEN. — Petite tumeur.
ARGUENIASSES, s. f. p. — Sales guenilles.	AKR, affreux; GUENIASSES, diminutif de guenilles.
ARGOUNÈRE ou ARCOUNÈRE, s. f. — Coin de cour entouré de fagots, où l'on fait des semis à l'abri des volailles.	AR, le: COUNÈRE, diminutif de coin. C'est mot à mot le petit coin. Expression mi-bretonne, mi-poitevine.
ARRÉ, adv. — Voilà, c'est ainsi.	ARRÉ. — Encore. Quoique dénaturé, le sens est souvent le même dans les deux patois.
ARRIA OU ARRIAL (tomber dans l'), loc. — Tomber dans l'embarras, dans des difficultés.	RIOT. — Dispute, contestation.
ARRIALER ou ARROLER, v. a. — Mettre en ordre.	
ARRIBOTS, s. m. p. — Menues choses qui tombent de l'air.	ARABADIEZ. — Babiole.

POITEVIN.	BRETON.
Avagner, v. a. — Fatiguer.	(V. *Vanne*).
Avier, v. a. — Allumer, souffler le feu. Peut-être ce mot vient-il du français *Aviver*.	Avel. — Vent.

B

Babeluche, s. f. — Dépôt, sédiment, écume. Ainsi qu'un grand nombre de mots, celui-ci est mi-français, mi-breton.	Babouz. — Bave. Ce mot, joint au verbe lucher pour lécher, signifie bave qui lèche.
Babijot, s. m. — Barbouillage mis sur la surface d'un vase avec les lèvres ou les mains.	Babouz, bave, jot, joue, face, ou de *babic* et de *jot*, joue d'enfant.
Badail, s. m. — Ouverture, entrebaillement.	
Badaillon, s. m. — Ce qui pend à la mâchoire inférieure des chèvres.	Tout ce qui pend au-dessous de la bouche.
Bader, v. a. — Ouvrir, entrebailler.	Bada.

POITEVIN.	BRETON.
Badrole, adj. — Niais, sot.	Qui ouvre la bouche sottement.
Balaise, s. f. — Balais plat de genêt pour l'aire.	**Balan**. — Genêt.
Balet, s. m. — Petit hangar.	**Baled**. — Petit toit en saillie pour garantir de la pluie.
Ballin, s. m. — Drap de toile grossière.	**Ballin**. — Couverture de lit, pièce de toile. (V. *Pallin.*)
Balot, s. m. — grosse lèvre.	**Balok**. — La partie du visage qui est au-dessous de la bouche.
Baroler, v. a. — Couper la laine pendante des brebis.	**Baro**. — Barbe.
Barolu, s. m. — Qui a les cheveux courts comme la barbe.	
Barge ou **Berge**, s. f. — Tas de foin ou de paille.	**Bern**. — Tas, amas, meule, pile.
Bé, s. m. — Bief.	**Bey**. — Canal.
Beccot, s. m. — Jet ou branche qui, n'étant pas complétement rasée, a forme de bec.	**Bek**. — Bec.
Bège, s. m. — Coupé en bec.	**Beg** ou **Bek**. — Bec.
Berque ou **Beurque**, s. f. — Pied cormier, souche séparative.	**Ber**. — Broche. **Kaè**. — Clôture.

POITEVIN.	BRETON.
Berquer, v. a. — Se heurter, se cogner contre un obstacle, une souche. De ce fait on a appelé *berque* la bosse ou grosseur provenant d'un coup.	Ber. — Cheville, bâton.
Berquiet, s. m. — Trique, béquille, par dérision jambe maigre.	Ber.
Berquiéser, v. n. — Boiter. Au figuré, ne pas agir avec droiture.	Cette expression vient peut-être de *berquiet*, mais *breskenna*, bondir à l'aventure, est breton.
Bertaud, s. m. — Cheville d'un moulinet.	Ber. — Cheville, broche.
Bertauder, v. a. — Passer une corde dans le bertaud pour lier une charge.	
Bezi, s. f. — Petite chèvre.	Bizourc'h. — Chevrette.
Bezou, s. m. — Toupie en buis.	Beuz. — Buis.
Bidet, s. m. — Numéro premier.	Bid. — As, numéro premier.
Biscois, s. m. — Qui est de travers, homme aux allures peu franches, esprit troublé.	Beskel. — Guingois.

POITEVIN.	BRETON.
Biscoter, v. n. — Boiter, sautiller, aller de çà et de là.	**Beskella.** — Biaiser.
Bistrac, s. m. — Qui boite un peu, qui tire la jambe, qui est cagneux...	**Bistrar.** — Grive. Il est quelques grosses grives qui marchent assez mal. — Vient de *bis*, deux, et de *tric-trac*, onomatopée.
Bot, s. m. — Sabot.	**Bot.** — Pied, cave, creux, *cavbot*, de là sabot, creux où l'on met le pied. Les Francs-Comtois disent *cabot*.
Boudrer, v. a. — Se salir, se crotter en marchant, se graisser de boue.	**Bodréou.** — Guêtre.
Boudroux, adj. — Qui est sale. Parfois on nomme les guêtres boudrouses.	
Bougette, s. f. — Bourse de cuir.	**Bulga.**
Boune, s. f. — Borne.	**Bounn.** — Borne.
Bourlot, s. m. — Festin pour marquer la fin d'un travail.	
Bourloter, v. n. se réjouir, festiner.	**Farlota.** — Se divertir, s'amuser.

POITEVIN.	BRETON.
Bouzail, s. m. — Bedaine, ventre.	Bouzellen. — Intestin.
Braie, s. f. — Broyon pour les plantes textiles.	Braé.
Braminer, v. n. — Crier la faim.	Brama. — Crier.
Bran, s. m. — Son.	Brank ou Brenn. — Son.
Branger, v. a. — Labourer après la moisson enlevée un champ qu'on prépare pour guéret.	Havrega. — Ouvrir des guérets. S'il n'y a pas étymologie, il existe au moins similitude.
Braveté, s. f. — Exprime l'idée de beau, de cossu, de bien mis.	Braventez. — Id.
Brenasson, s. m. — Bluet, fleur qui a donné bluette.	Cette plante, sans consistance, qui tombe vite en poussière, a pour radical *bruzun*.
Brenée, s. f. — Sorte de soupe au son.	Brenn. — Son.
Brenuser, v. a. — Emietter, s'amuser à des riens, perdre son temps. On dit aussi *vrenuser*.	Bruzuna. — Emietter.
Brenuson, s. m. — Miette de de pain.	Bruzun. — Id.

POITEVIN.	BRETON.
Breton, s. m. — Etincelle très explosible.	**Brud**, bruit, **tan**, feu, mot à mot bruit de feu. Le breton a *penn-tan*, tête de feu, tison.
Bretouner, v. n. — Produire des étincelles.	
Briffaut, s. m. — Crêpe avec taille de pain.	**Brifaot**. — Grand mangeur.
Bringue, s. f. — Poulinière stérile.	**Brehaing**. — Stérile en parlant des femelles.
Brouéta, s. m. — Buis.	**Brouesta**. — Se former en buisson.
Brous, s. m. — feuillage tendre.	**Brous**. — Bourgeon.
Broussée ou **Boussée**, s. f.— Touffe de feuillage, de jeunes jets...	
Brumail, s. m. — Brouillard. Les personnes qui voient mal disent qu'elles ont le *brumail*.	**Brumennadur**. — Sorte d'éblouissement.
Brut, s. m. — Bruit.	**Brud**. — Id.
Bu, s. m. — Bœuf.	**Bu**. — Vache, bête à corne.
Bugée, s. f. — Lessive.	**Bugat**. — Id.
Burgauder, v. a. — Bourdonner,	

POITEVIN.	BRETON.
Burgot, s. m. — Couvert de bure. On nommait ainsi quelques religieux du moyen-âge; de nos jours, ce nom a été appliqué à un gros bourdon noir et jaune, de là *burgauder* et *burgaudère*, guêpier.	**Burel**. — Bure.
Burin, s. m. — Vêtement de bure.	**Burel**. — Bure.

C

Cadru, adj. — Accablé, déçu.	(V. *Morc'heduz*.)
Cagouet, s. m. — C'est l'endroit de la nuque ou se plie et se relève le capuchon ou la cagoule.	**Kougoul**. — Capuchon.
Cagouille, s. m. — Limaçon. La coquille du limaçon a la forme d'un capuchon.	**Kougoul**.
Caler, v. a. — Enlever la calosité.	
Calet, adj. — Nu, dépoüillé.	**Kaled**. — Dur, ferme.

POITEVIN.	BRETON.
CALOT, s. m. — Calosité.	KOLEDEN.
CALOUPER, ou CHALOUPER ou CHALUPER, v. n. — Prendre la cosse ou la calosité. Se dit des plantes légumineuses.	
CAIL, s. m. — Caille.	KOAL.
CALOURGNE ou CALORGNE, s. m. — Louche.	CAR, creux, LORGNE, mot français.
CARNE, s. f. — Vieille rosse, vieille chienne maigre.	SKARN. — Maigre, décharné.
CARNON, s. m. — Box d'écurie, petit compartiment. On dit aussi *crenom*.	CREN ou KRAON. — Etable.
CAVER, v. a. — Creuser. On dit aussir *chaver*.	KAVA. — Creuser.
CHAIL, s. m. — Silex.	KALASTR. — Caillou.
CHALIN, s. m. — Tonnerre.	
CHALINE, s. f. — Orage.	KURUN ou KURIN.—Tonnerre. Nous trouvons une foule d'expressions défigurées par l'usage, peut-être en est-il ainsi de celle-ci.
CHALINER, v. n. — Tonner.	
CHALINOUX, adj. — Orageux.	

POITEVIN.	BRETON.
CHALUPE, s. f. — Cosse, enveloppe.	Le radical est Kaled.
CHANNE, s. f. — Conduit, tube, robinet.	KAN. — Canal.
CHANNEBEAUT, s. m. — Chenevière.	KANABEK.
CHANNEBIN, s. m. — Chanvre filloupé.	
CHANNEBOIS, s. m. — Chènevis.	
CHARBE, s. m. — Chanvre. Comme on peut faire dériver ces mots du latin *cannabis*, nous laissons au lecteur le choix de l'étymologie. Cependant il ne faut pas oublier que *Kan* signifie tube, tige creuse.	KANAB.
CHAREUIL, ou CHALEUIL, ou CALEIL, s. m. — Lampe à main.	KREUZEUL. — Lampe que l'on suspend dans la cheminée.
CHARIOU, s. m. — Avant-train d'une charrue.	C'HILORIOU. — Id.
CHAVANT, s. m. — Chathuant.	CHEVEK. — Id.
CHAVÊCHE, s. f. — Oiseau de nuit.	CHEVEK. — Id. Ces deux dernières ex-

POITEVIN. | BRETON.

Chaveuiller, v. n. — Clignoter, voir imparfaitement.

Chaveuillon, s. m. — Qui voit mal, qui a les yeux renfoncés et petits. Le verbe *caver* se dit aussi *chaver*.

pressions sont, croyons-nous, mi-bretonnes, mi-françaises, et nous les construisons avec *kav*, creux, et *veuillon*, nom donné en patois poitevin à la pupille, nommée aussi *vison*. Ces mots signifient donc pupille creuse.

Chèler, v. n. — Tracer. Se dit des végétaux.

Kellida. — Germer, pousser.

Chèlon, s. m. — Rejet.

Chenucher, v. n. — Se plaindre en pleurnichant.

Kunuc'ha. — Gémir.

Chenucherie, s. f. — Pleurnicherie.

Kunuc'hen. — Id.

Chicoter, v. a. — Asticoter.

Sigota. — Faire des espiègleries.

Clan. s. m. — Etendue d'eau, une inondation, une grande mare.

Klan. — Rive, bord d'une rivière.

Clabon, s. m. — Morceau de braise.

Glaou. — Morceau de bois embrasé qui ne jette plus de flammes. Il faut reconnaître que si ces deux mots sont les mêmes, ils ne se ressemblent qu'imparfaitement.

POITEVIN.	BRETON.
CLABOT, ou CAVBOT, ou CABOT. s. m. — Se dit d'un œuf pourri, d'un limaçon creux, de tout objet vide où la vie n'existe plus.	Ce mot selon nous signifie creux comme un sabot. (V. *bot*).
COIE ou COILOQUINTE, s. f. — Gourde.	KOULOURDRENN. — Courge.
COLLA (avoir l'air), loc. — Niais. — Quand on ne réussit pas en ce qu'on entreprend, on a l'air *colla*.	KOLLA. — Être vaincu, souffrir de quelque dommage.
COUIT, part. — Couvé. On nomme aussi *coui* l'embryon du poussin.	KLUI. — Germe d'un œuf.
COUIT (être), adj. — C'est être perdu, agonisant.	ANKOUI. — Mourir.
COURAIL, s. m. — Verrou, targette.	KOUROUL. — Id.
COURAILLER, v. a. — Verrouiller.	KOUROULEIN. — Id.
COUSSA, s. m. — Houx.	KOS. — Bois. Ce radical donne aussi *cosse* et *cosson*, grosse et petite souche.
CRABASSER, v. n. — (V. *grabasser*).	

POITEVIN.	BRETON.
Cracasser, v. n. — Criailler comme les pies.	**Gragala.** — Id.
Creni, s. m. — Maladif, mauvais fruit.	**Kôzni.** — Etat d'un homme caduc.

D

Dadiet (aller), loc. — C'est aller avec lenteur.	**Diek.** — Paresseux.
Dail, s. m. — Faulx. Dans quelques localités on dit *deil*. Pour nous, nous voyons dans la faulx une feuille d'acier.	**Déliou.** — Feuille.
Débader, v. a. — Fermer la bouche.	V. *Bader*. L'italien dit contrairement *sbadigliare*, bâiller.
Débouler, v. n. Partir vite, s'en aller.	**Débouloudenna.**—Débucher.
Décaler, v. a.— Oter la callosité.	(V. *Caler*).
Défrocter ou **Défréter**, v. n. — Oter les liens et les gaules qui bouchent un passage ; ôter des cercles.	**Difréta.** — Oter les frètes.

POITEVIN.	BRETON.
DÉFROUTER, v. n. — Cultiver un sol couvert d'herbes.	DIFRAOSTA. — Arracher les mauvaises herbes.
DÉLURÉ, s. a. — Diligent, actif, décidé.	DILEURUZ. — Id.
DERCHER, v. a. — Toucher, tâter.	DERCHEL. — Tenir, avoir à la main, capturer.
DÉSANIER, v. n. — (V. *anier).*	
DÉTAPER, v. a. — Déboucher.	(V. *Taper.)*
DÉTROUILLER, v. n. — Dévider.	(V. *Trouiller.)*
DIENCHER, v. n. — Se dit d'un cheval qui porte la tête de travers, qui la lève ou la baisse.	DIHINCHA. — Tirer hors du droit chemin.
DIÉNÉ, s. adj. — C'est le nom qu'on donnait autrefois aux pauvres. Saint-Maixent est la dernière ville du pays qui ait gardé cette expression.	DIÉNEK. — Indigent, misérable. *Diénez*, misère.
DIOT, adj. — Idiot.	DIOT. — Id.
DIU, s. m. — Dieu.	DIOU. — Id.
DOUSIL, s. m. — Fausset, canelle.	DOULZIL. — Ce mot est composé de *doul* pour dour, eau, et de *sil*, goutte.
DRAILLER, v. a. — Gercer, produire de petites hachures.	DRALA. — Hacher.

POITEVIN.	BRETON.
Dramer, v. a. — Déchirer, user, mettre en lambeaux, effeuiller, disperser, casser, briser, etc... Au figuré, de même qu'on dit d'une personne mal mise qu'elle est *fagotée*, le paysan fatigué se dit *dramé*, c'est-à-dire qu'il n'a pas plus de consistance qu'une poignée de paille.	**Dramm**. — Fagot, botte, poignée, javelle...
Drigail, s. m. — Pauvre garde-robe.	**Drille** (mot gaulois). — Haillon.

E

Ebrener, v. a. — Ecraser.	**Bruzuna**. — Emietter.
Ecambouille, s. f. — Grande pluie, inondation.	Nous supposons pour origine *klann*, avec la signification de nappe d'eau et de *bouille* pris dans le sens de bouillonner.
Echoutir ou **Essoutrir**, v. a. — Salir, tacher, souiller.	**Saoutra**. — Salir.
Eclisser, v. a. — Faire jaillir un liquide.	**Sklisenna**. — Mettre des éclisses.

POITEVIN.	BRETON.
Eclissoire, s. f. — Petite seringue faite d'un tube quelconque.	
Ecrin de coffre, s. m. — Petit coffret dans le coffre même.	Skrin. — Ecrin de coffre.
Effraisis, s. m. — Effroi subit, panique de courte durée.	Efreiz. — Effroi.
Egalamber ou Egoulamber, v. a. — Enjamber.	Gam, jambe, Loamber, ouverture. Mot à mot, ouvrir les jambes.
Egourmir ou Dégourmir, v. a. — Dégourdir, réveiller, animer. C'est le synonyme de dégourdir, *engourmir* en est l'opposé.	Gour, roide, Mirout, conserver. Se tenir ou se garder roide. La syllabe *dé* servant de correctif.
Eguière, s. f. — Rigole. (Voir plus haut les mots de cette famille.)	Gouer. — Ruisseau. L'espagnol dit *agua*, eau, mais ce mot ne peut détruire le premier, et il est évident que nous tenons plus des Bretons que des Espagnols.
Ejarrer, v. n. — Se dit du blé que le vent fait verser et emmêler.	(V. *jarrat*).
Eluser ou Eloiser, v. n. — Faire des éclairs.	

POITEVIN.	BRETON.
ELUSE, s. f. — Eclair.	LUZEDI. — Faire des éclairs.
EMBABIJOLER, v. n. — Engeoler par son babil.	BABOUZEREZ. — Action de bavarder. Il y a synonymie.
ENCASSER, v. a. — Tomber dans l'ornière, dans le bourbier. Le mot *engasser* est le même.	SKOZAL. — Ornière.
EPIVARDER, v. a. — Jouer du bec.	(V. p. 10.)
EPONTAIL, s. m. — Epouventail.	SPOUNTAL. — Id.
EPOUFFER, v. a. — Disparaître, se disperser.	DÉBOUFA. — Id.
EQUENER, v. n. — Fatiguer.	(V. *quener.)*
ESABOUIR, v. n. — devenir fade comme l'eau, comme la sève, qui se dit *sabr* en breton, et *sabe* en poitevin.	SABR. — Sève.
ESQUINTER, v. n. — Accabler de lassitude.	HESKA. — Rendre ou devenir stérile, épuiser, tarir.
ESSOUTRIR ou ECHOUTIR. v. a. — Salir.	(V. *saotra.)*
ETREBEUILLE, s. f. — Trombe, tourbillon, spirale de poussière.	ETRO, autour, BUZELLA, mugir. Mugir en rond.

POITEVIN.	BRETON.
ÉTREILLOUR, s. m. — Poignée qui sert à dévider. (V. *Trouil.*)	ESTELLOU. — Devidoire. On nomme *éteule* ou *épeule*, en Poitou, de petits tubes ou gros chaume, servant de bobines.
EVE, s. f. — Eau. Sans doute que pour le Poitevin ce mot boire comportait l'idée de l'eau.	EVA. — Boire.

F

FAGNE, s. f. — Boue.	FANK. — Id.
FAGNISSER, v. a. — Faire de la boue.	
FAGNOUX, adj. — Fangeux.	
FAYANT, s. m. — Hêtre.	FAÔEN. — Id.
FAZIER, v. a. — Ce mot, que nous avons entendu rarement, s'applique dans un cas : un vase est-il plein, surtout le seau du puits, on dit : il n'a pas *fazié* ; n'est-il qu'à moitié rempli, on dit : il a *fazié*.	FAZIER. — Défaillant, celui qui manque.

POITEVIN.	BRETON.
FLAMBOISE, s. f.—Framboise.	FLAMBOEZ. — Id.
FLANQUER, v. a.—Jeter sur..., donner un coup.	FLAC'HAT. — Un coup de poing.
FLATRER (on dit généralement flater), v. a. — Rapporter, dénoncer.	FLATRA. — Détracter.
FOULTRE, s. f. — Mouvement spontané et furieux parmi les animaux d'une foire.	FOULTR. — Foudre, tonnerre. Il est à croire que ce mot a donné lieu au juron *foutre*.
FRALE, adj. — Fragile, cassant, fendant.	FRAL. — fente occasionnée par le soleil, le froid, ou tout autre cause naturelle.
FRALER, v. a. — Griller, roussir.	FRALA. — Gercer, crevasser.
FRAMER, v. n. — Répandre de l'odeur, sentir mauvais.	FRENN. — Odorat.
FRÈTAILLON, s. m.—Rameau, menu bois.	
FRÈTE, s. f. — Branche flexible. De ce mot on a fait *fretasser*, battre avec une verge.	FRET. — Cercle, virole.
FRÈTER, v. n. — Clore un passage, faire une haie avec des frètes.	FRÈTA. — Entourer d'un cercle.
FRETOC, s. m. — Ratière composée d'une lourde pièce	

POITEVIN.	BRETON.
de bois et d'une frète flexible sur laquelle s'attache l'appât.	La syllabe *toc* est une onomatopée.
FRINGUENAILLE, s. f. — Haillon, loque qui sautille en fringant.	
FRINGUER, v. a. — Sauter, bondir.	FRINGA. — Id.
FRINGUI, s. m. — Petit bal, air pour faire danser.	FRINGOT. — Fredon.
FROUT, adj. — Herbu, couvert d'une folle végétation.	FRAOST. — Inculte.
FURCHETER, v. a. — Fouiller, chercher.	FURCHA. — Id. Ce mot ne doit pas se confondre avec *fureter*.
FURCHETEUR, s. m. — Qui cherche partout.	FURCHEREZ. — Id.

G

GALBAUDRER, v. n. — Marcher dans la fange.	GAM, jambe ; BAUDRER (V. ce mot).
GALERNE, s. f. — Vent du Nord-Ouest.	GWALARNN. — Id.

POITEVIN.	BRETON.
GAMACHE, s. f. — Guêtre. Le français nomme gamache des bottines de toile cirée.	GAMAICHENN. — Vient de *gam*, jambe ; *aichen* pour *achen*, ce qui couvre, garantit.
GAMBILLON (à), loc. — Jambe de ça, jambe de là, à califourchon.	GAM. — Jambe. *Billon* est pour le diminutif. Des gambilles sont de petites jambes.
GAMBOISER (se), v. p. — Marcher avec circonspection, avec raideur.	GAM, jambe ; ABOEZ, poids. Le latin a *gambosus*, qui a le jarret enflé, ce qui rend la marche lente.
GANARRE, s. f. — Maladie qui porte à boire. Les buveurs chantent ce refrain : De temps en temps La ganarre, la ganarre, De temps en temps La ganarre me prend.	KOUNAR. — Le mot poitevin a été pris à contre sens du mot breton, puisque ce dernier signifie délire accompagné d'horreur pour les liquides. Ces antonymies sont fréquentes.
GANDOLE, s. f. — Une femme qui se tient mal est souvent appelée grande gandole. On donne aussi ce nom à un vieux chapeau, à un mauvais parapluie, à une loque quelconque.	GADALEZ. — Femme débauchée.
GARGUENAT, s. m. — Gosier.	GARGAN ou GARGADEN. — Id.
GAROCHER, v. a. — Lancer des pierres.	GARO. — Rude, âpre, raboteux ; *rok*, rocher, pierre.

POITEVIN.	BRETON.
GAROUAGE, s. m. — Cela signifie être en débauche, dans le plus grand désordre, voire même en sorcellerie.	GAROU. — En celtique, rude, âpre, étrange. Quelques auteurs font venir de là le *Loup-Garou*.
GAROUIL, s. m. — Maïs. La feuille verte du maïs est rude, âpre, ce qu'il est aisé de juger en glissant la main de la pointe de la feuille à son pétiole.	GAROU. Les noms primitifs sont généralement empruntés aux qualités bonnes ou mauvaises de la chose désignée, comme aux particularités qu'elle présente.
GAROUILLAUD, s. m. — Champ qui a porté du garouil.	(V. *Garou.*)
GAROUILLET, s. m. — Maïs semé épais pour faire du fourrage vert.	
GARSE, s. f. — Femme sans pudeur.	GAST. — Femme publique.
GARSAILLER, v. n. — Courir les hommes.	
GASSE, s. f. — Flaque d'eau dans un lieu quelconque; un trou ou une ornière remplis par la pluie.	SKOSAL. — Trou profond formé par les roues.
GASSOT, s. m. — Diminutif de *gasse*.	

POITEVIN.	BRETON.
GASSOUIL, s. m. — Comme *gasse*.	La syllabe *souil* a la signification d'eau sale. *Gassouiller*, c'est rendre l'eau trouble en la remuant.
GASSOUILLER, v. n. — Agiter, remuer l'eau.	
GASSOUILLET, s. m. — Un petit lavoir.	
GAZELER ou GARZELER, v. a. — Se cacher, courir dans les haies.	GARZ. — Haie.
GLAS, s. m. — Glace, eau congelée.	SKLAS. — Glace qui couvre l'eau.
GLAT ou GLET (avec *l* mouillée), s. m. — Ce mot ne s'applique qu'au pain mal cuit, ce qui en rend la coupe bleuâtre.	GLAS. — Bleu.
GLAMOT, s. m. — Graine ressemblant au froment, qui donne au pain une couleur bleuâtre et un mauvais goût. On la nomme aussi *Queue-du-Renard*.	GLAS. — Bleu.
GLEUX, s. m. — Paille laissée sur pied.	GLEZ. — Blé.
GODELLE, s. f. — Longue dent qui fait soulever, entr'ouvrir les lèvres.	GOD. — Ouverture. Se dit d'un vêtement qui bâille sur la poitrine.

POITEVIN.	BRETON.
GODLAN, s. m. — Longue scie à deux mains, servant à tronçonner les arbres.	GOD, ouverture, LÉDAN, dimension en large.
GOIZE ou GOAZE ou AGOIZ, s. m. — Gros froment.	GOBIS. — Grain gros comme un pois.
GORETTE, s. f. — Chaperon de mur taillé en demi-rond.	GORRÉ. — Dessus.
GOUGER, v. a. — Mettre de la nourriture dans le cou d'une volaille.	GOUZOUG. — Partie du corps qui joint la tête aux épaules.
GOUMITEUX, adj.—Qui crache beaucoup, qui est peu sain.	(V. *goumon*).
GOUMON, s. m. — Grosseur de la gorge, immédiatement sous le menton, causée par la graisse ou du mal.	GOURM. — On sait que cette maladie est toujours accompagnée de grosseurs à la gorge ou au poitrail des animaux.
GOURLASSE, s. f. — Etoffe très ferme, morceau de peau végétale.	GOURD, raide, tendu; LAS, lacet, par extension, tissu.
GOUSSER ou GOSSER ou GOUSSILLER, v. a. — Couper, trancher avec un couteau, par extension, avec tous les instruments tranchants.	GOUSIA. — Couper de la bruyère.
GOUSSELION ou GOSSILION, s. m. — Menu copeau.	

POITEVIN.	BRETON.
GOUSTRE, s. m. — Couteau de peu de valeur.	GOUSTIL. — Poignard.
GRABASSER, v. n. — Tousser, cracher comme un malade.	
GRABASSON ou CRAPASSON, s. — Individu de petite taille, sans vigueur.	GRABOTENNIK. — Qui est de petite taille, court et gros.
GRABOT, s. m. — Caboche de graine, particulièrement de légumineuse.	Diminutif du précédent.
GRAFFIGNER, v. a. — Egratigner.	KRAFINA. — Id.
GRAPPE, adj. — Avoir les mains, et même les membres croches et inertes par l'effet du froid.	KROPA ou GRAPA. — Engourdir par le froid.
GRAMOYER ou GRAMOVER, v. n. — Mouvoir ses membres engourdis.	Ce verbe, de deux idiomes, vient de *kropa* et de *mouver*, *movere*.
GRAPPAUDER, v. n.— Grimper difficilement.	(V. p. 34.)
GRAPPOUINER, v. n.—Comme dessus.	Id.
GRELAYER, v. n. — Se servir de la grêle.	

POITEVIN.	BRETON.
GRÊLE, s. f. — Crible. Ce mot a pour diminutif *grenole* ou *grinole*, une petite grêle.	GRINOL. — Grenier, coffre où l'on serre le grain en Bretagne.
GRENEAUD, adj. — Grenu.	
GRENEAUDER, v. n. — Rouler, crouler comme du grain.	(V. le *Glossaire latin.*)
GRENOTE, s. f. — Corbeille où l'on met du grain.	
GRENOTER, v. n. — Jeter, semer le contenu d'une grenote.	
GRESAILLER, v. n. — Trembler, greloter.	GRIZILLON. — Grelot.
GRINGOT, s. m. — Réunion de deux ou trois personnes.	GREG, femme; GOAZ, homme.
GRINGUE, s. f. — Petite dent d'enfant.	
GRINGUENASSER, v. a. — Grincer les dents.	GRIGOUSA. — Id.
GRIPEAU, s. m. — Lieu escarpé.	GRIPOT. — Coupe-gorge.
GROIE, s. f. — Terre pierreuse, calcaire.	KROA ou GROA. — Lieu couvert de gravier.
GROUAIL, s. m. — Pierrailles.	GROUAN. — Gros sable.
GROUER, v. a. — Grouper.	GROUNN. — Réunion, amas, paquet.

POITEVIN.	BRETON.
GRUNE, s. f. — Se dit des fruits en grappe.	GREUN. — Fruit de certaines plantes, de certains arbrisseaux.
GUEDER, v. n. — Gorger de nourriture.	GUED. — Abondamment.

H

POITEVIN.	BRETON.
HALANER, v. a. — Mettre hors d'haleine.	HALAN. — Haleine.
HIOU, HOU, HOU, HOU. — Cri du poitevin en signe de réjouissance. On prétend que ce cri était jadis une sorte d'invocation au roi des dieux.	JAOU. — Jupiter.

J

POITEVIN.	BRETON.
JARRAT, s. m. — Longue tige herbacée.	JARRO. — Jambage (celtique).
JARROLER, v. n. — Jouer des jambes, jaser en courant.	

POITEVIN.	BRETON.
JARROSSE, s. f. — Grosse gesse aux tiges molles et tombantes.	JARROUS. — Id.
JARROUILLER, v. n. — Tordre les jarrets en marchant.	
JITER, v. a. — Compter.	JED. — Calcul.
JITON, s. m. — Jeton.	JEDOUER. — Jeton dont on se servait pour compter.
JOTTE, s. f. — Joue.	JOT. — Id.
JOTTEREAU. — Gonflement de la partie inférieure des joues.	JÔTÔREL. — Tumeur à la gorge.
JOTTROU, adj. — Qui a de grosses joues.	JOTEK.
JOUBRER, v. a. — Barbouiller la figure.	JOT, joue ; BERA, couler.
JUSTIN, s. m. — Vêtement de femme, sorte de casaquin.	JUSTINN. — Veste, vêtement qu'on porte sous l'habit ; corps de robe de femme.

L

LAC, s. m. — En français, c'est un grand amas d'eau dormante ; en poitevin, c'est une mare.	LAGEN. — Mare, bourbier, eau croupissante.

POITEVIN.	BRETON.
Lacquer, v. n. — Boire au lac.	
Lan, s. m. — Elan.	Lans. — Id.
Landouner, v. n. — Aller lentement.	Landar...
Landoux, adj. — Paresseux.	Landar. — Fainéant, lâche. Dans Rabelais on trouve *Landore*.
Large, adj. — Généreux.	Larg ou Lark. — Libéral.
Lebrerie, s. f. — Mangerie.	Debrérez. — Id.
Lebron, adj. — Mangeur, glouton.	Debrer. — Mangeur.
Lidoire, adj. — Se dit d'une chèvre en rut.	Likouer. — Cajoleur, enjôleur, et *Lik*, lubrique, lascif.
Lioube, s. f. — Morceau de bois fendu qui sert à *lioube*r.	Loum, goutte ; Bera, couler.
Liouber, v. n. — Laver des boyaux, enlever les parties adhérentes.	(V. le latin.)
Loge. — Sorte de maisonsonnette, de servitude, dont la construction est presque en entier de bois et de paille, de bruyère ou de roseau.	Log. — Cabane. Se dit particulièrement des loges établies dans les champs.

POITEVIN.	BRETON.
Loré, s. m. — Laurier. Dans tout le pays de Melle on prononce *lora* ou *loré* indifféremment.	Loré. — Id. Il est possible que ce mot vienne du latin *laurus*, mais on doit s'étonner de l'identité de prononciation.

M

Macher, v. a. — Contusionner, fouler.	Mac'ha. — Fouler, presser, comprimer.
Machure, s. f. — Meurtrissure.	Mac'hella. — Fouler aux pieds, piétiner.
Maglot, s. m. — Pain mal cuit. (V. *Glamot.*)	Ces deux expressions, qui viennent du renversement de *glamot*, ont le même radical.
Magloton, s. m. — Grumeau de pâte.	
Maille ou Maillée, s. f. — Meule de gerbes.	Malan. — Assemblage de gerbes.
Mailler ou Amailler, v. n. — Former une maillée.	Malana. — Engerber.
Mar, s. f. — La mer.	Mar. — Id.
Margagner ou Margouiller, v. n. — Piocher, travailler dans la boue.	Vient de *marre*, grande houe qui sert à écobuer, à piocher la marne. Ce mot se

POITEVIN.	BRETON.
	trouve en breton, mais le latin a *marga*, marne.
Margagni, s. m. — Terre en mauvais état, travaillée, mouillée.	
Marochon, s. m. — Houe.	**Marre**. — Id.
Marraud, adj. — État d'un animal qui dépérit.	**Marro**. — Dessécher, mourir.
Marreler, v. n. — Se dit d'un champ où la végétation est inégale par place.	**Marella**. — Peindre, bigarer, marbrer.
Marreau, s. m. — Espace, petit placiste moins beau dans une moisson ou un pré.	
Martagot ou **Maragot**, s. m. — Nuage venant de la mer.	Le breton a *marigot*, qui pêche à l'abri des rochers.
Mé, p. p. — Moi.	**Mé**. — Id.
Mécelle ou **Mincelle**, s. f.— mâchoire.	**Munzun**. — Gensive.
Meil, s. m. — Millet.	**Mell**. — Id.
Membrut, s. m. — Cloison, lambris.	**Lambrusk**. — Id.
Mataillon ou **Métaillon**, s. m. — Grumeau de pâte	Tous ces mots ont pour radical *métil*, qui, en gaël

POITEVIN.	BRETON.
qu'on trouve dans la met, le pétrin.	d'Irlande signifie moissonner. Par extension on a fait sortir du même mot l'action et la conséquence, c'est-à-dire le blé, la farine et le pétrin.
Met ou Maie, s. f. — Pétrin.	
Métive, s. f. — Le temps de la moisson.	
Métiver, v. n. — Moissonner.	
Métivou, subst. — Moissonneur.	
Méture ou Méteil, s. f. — Blés mélangés.	
Meulan, s. m. — Pratique d'un moulin.	Mala. — Moudre.
Millioque, s. f. — Bouillie de millet.	Mell, mil; iot, bouillie.
Mirole, s. f. — Truie mère.	Mil, brute; groll, truie qui a des petits cochons.
Mistrifriser, v. a. — Se parer.	
Mistrifrisé, adj. — Muscadin, petit-maître.	Mistri. — Propret, recherché dans sa mise.
Mitan, s. m. — Milieu.	Métou. — Id.
Mogue, s. f. — Tasse qui va au feu.	Mog ou Moug. — Feu, ménage.
Molue, s. f. — Morue.	Molu. — Id.
Morcaduc, s. m. — Qui paraît fatigué, accablé.	Morc'héduz. — Indolent, nonchalant, qui manque d'ardeur.

POITEVIN.	BRETON.
Morgue, s. f. — Vieille brebis pourrie, infecte.	**Mogeden**. — Miasme qui produit des vapeurs méphitiques.
Mort-Queut ou **Mort-Couit**, loc. — Mort sur pied.	**Ankoui**. — Mourir.
Mourre, s. m. — Mufle.	**Mourren**. — Barbe, moustache. En désignant le mufle par ce mot, qui indique l'extrémité du museau, le Poitevin a voulu faire allusion à l'endroit où se place la moustache.
Mourreau, s. m. — Muselière.	
Mourreauder, v. a. — Museler.	
Mourenne, s. f.—Petite baie, ou ce qui ressemble aux baies.	**Mouar**. — Mure.
Mude, adj. — Muet.	**Mud**. — Id.
Muer, v. n. — Changer.	**Muza**. — Id.
Muette ou **Mute**, s. f. — C'est un morceau de fer taillé en girouette qui sert à éloigner ou rapprocher la chaîne qui tient l'avant-train à la charrue. Les	La mobilité de cet instrument explique l'origine du nom.

POITEVIN.	BRETON.
champs qui affectent cette forme prennent aussi le nom de muette.	
Musset, s. m. — Moucheron.	Mussa. — Flairer, sentir, vivre aux dépens d'autrui

N

Nadre, adj. — Rusé, astucieux.	Nader. — Couleuvre. Le serpent est l'emblême de la ruse. En Gaël-d'Irlande, *nadr* ; on dit aussi *nadar*.
Nadreté. — Finesse.	
Naide, s. f. — Source qui coule souvent entre deux terres.	Naiden. — Eau coulante dans un lit ou canal.
Naidoux, adj. — Qui a des sources, lieu mouillé.	
Neuzer, v. a. — Nuire.	Noazout. — Id.
Noisard, adj. — Chicanier.	Noas. — Débat.

O

POITEVIN.	BRETON.
Oisi, s. m. — Osier.	**Aizil.** — Id.
Ouche, s. f. — Pâtis, verger, fruitière près la maison.	**Ouc'h**, prép. — Contre, près, vers...
Oumée, s. f. — Excroissance, tumeur qui vient à la tête des bêtes à cornes.	**Ulmen.** —Nœud, excroissance qui vient aux parties extérieures de l'arbre.
Orgna de temps, loc. — Temps perdu, espace, laps.	**Hirnez.** — Longueur en parlant du temps, retardement, lenteur.
Orgne, adj. — Paresseux.	
Ouillage, s. m. — Complément de liquide.	
Ouiller, v. a. — Remplir, rassasier, lasser, blaser, s'applique plus particulièrement aux liquides. Nous croyons que ce mot vient de *houle*, pris dans le sens de flot, ainsi que nous en trouvons la signification dans plusieurs expressions poitevines.	**Houl.** — Flot, vague, mouvement agité de la mer.
Ouillette, s. f. — Petit entonnoir.	
Ourgouil, s. m. — Orgueil.	**Ourgoul.** Id.

P

POITEVIN.	BRETON
PALLE, s. f. — Pelle.	PAL. — Bêche.
PALLEBAISER, v. n. — Bêcher.	
PALLETTE, s. f. — Pelle du feu.	PALIKED. — Id.
PALLEYER, v. n. — Se servir de la pelle.	
PALLIN ou BALLIN, s. m. — Pièce de toile servant à l'agriculture.	PALLIN. — Couverture de lit, ordinairement de fil de lin. C'est aussi un grand drap sur lequel on crible le grain. Le radical est *pall*, couverture.
PAOUR (on prononce paure), s. m. — pauvre.	PAOUR. — Id.
PARER, v. n.—Peler un fruit, lever une écorce ou de menus copeaux.	PARA. — Polir, unir le bois avec la plane.
PAROUR, s. m. — Plane, couteau à deux mains.	PAROUER. — Id.
PARURE, s. f. — Pelure.	
PASCANADE, s. f. — Racine que mangent les enfants *(Berce)*.	PASKA. — Alimenter, repaître, mâcher.

POITEVIN.	BRETON.
PATROUILLER ou PATOUILLER, v. n. — Trépigner dans la boue, écouvillonner un four.	PATOULA. — Ecouvillonner, barboter.
PATROUILLET, s. m. — Linge au bout d'une perche.	PATOUL. — Ecouvillon.
PATTIFAGNER, v. a. — Mettre les pattes ou les pieds dans la boue.	PAÔ, patte ; FANK, boue.
PAU, s. m. — Pieu, piquet.	PAOUL. — Id.
PAULU, adj. — Craintif.	POELLUZ. — Modéré, sage, retenu.
PAUTRAILLE, s. f.—Gens sans aveu, misérables jadis en bande et couverts de haillons.	PALL, couverture ; STROLLAT, troupe, file, groupe.
PELON, s. m. — Enveloppe du marron, la bogue.	PELLEN. — Enveloppe de fruits.
PEMPALLÈNE, s. f. — Tulipe des prés. On la nomme aussi *damier*.	PEMP, cinq ; PALL, couverture. Cette fleur a cinq pétales penchés.
PENAILLONS, s. m. p. — Guenilles.	PILENNOU. — Haillons.
PENCAILLÉ, s. m. — Chou pomme à feuilles frisées.	PEN, tête ; KAOL, chou.
PENON, s. m. — Epi de maïs dépouillé de son grain.	PEN. — Tête, bout.

POITEVIN.	BRETON.
PÉRA, s. m. — Poirier.	PÉREN. — Id.
PÈRE, s. f. — Poire.	PER. — Id.
PIARDE, s. f. — Petite pioche.	PIG ou PIK. — Piquer.
PIAUMUER, v. n. — Changer de poil.	PEL, poil; MUZA, changer.
PIBOLE, s. f. — Flûte.	PIB. — Flûte, tube, pipeau.
PIBOLER, v. n. — Jouer de la flûte.	
PIBOLOU, s. m. — Joueur de flûte.	
PIBOT, s. m. — Anguille mâle de la grosseur d'une flûte.	
PICHE ou PICHET. — Pot pour tirer à boire.	PICHER. — Petit pot de faïence, à anse, servant de gobelet pour boire.
PICOCER, v. a. — Piquer avec le bec.	PIGOSA. — Picoter.
PIET, s. m. — Pli.	PLEK. — Id.
PIGACER, v. a. — Mettre de plusieurs couleurs.	Vient de Pie.
PIGEAUD, adj. — Blanc et noir comme la pie.	PIKET ou PIGET. — Pie.
PIGEAUDER, v. n. — Labourer la terre à moitié mouillée, alors de deux couleurs.	

POITEVIN.	BRETON.
PIGE, s. f. — Pointe qui sert à piquer.	
PIGER, v. a. — Piquer, creuser.	PIK ou PIG. — Id.
PIGOUILLE, s. f. — Perche servant à conduire un bateau, long bâton.	PIK-HOUL. — Piquer l'eau.
PIGOUILLER, v. n. — Conduire à la pigouille.	
PIGOUILLOU, s. a. — Qui pigouille.	
PILET, s. m. — Tronc d'arbre.	PILL. — Tronçon de bois.
PÔCRE, s. f. — Grosse main, gros pied, grosse patte, trace.	PAÔEK. — La bête qui a de grosses pattes.
POCRÉ, adj. — Ressemblant, comme une main ressemble à l'autre.	
PONTIF, adj. — Peureux. Le poitevin dit *éponter* pour épouvanter.	SPOUNTIK. — Peureux.
POTAIN, s. m. — Vase à couler la lessive.	POD, pot; TAN, feu, vase à bouillir.
POTET, s. m. — Pot à eau.	POTEV. — Pot à eau (V. *eva*).
POTTE, s. f. — Patte. La renoncule se nomme *potteloube* pour patte-de-loup.	PAÔ. — Id.

POITEVIN.	BRETON.
Pottelager ou Pottager, v. a. — Manier beaucoup un objet, mais légèrement.	Paô, patte; Lager pour léger.
Pouche, s. f. — Dépot formé par l'huile.	Pouc'h. — Sale, *poulèhen*, mèche de lampe.
Pouvrer, v. n. — Faire la poussière.	Poultra. — Id.
Pra, s. m. — Pièce de bois servant de timon mobile pour les bœufs.	Prenn. — Pièce de bois.
Prime, adj. — Précoce.	Prim. — Id.

Q

Quenaille, s. m. — Enfant à la mamelle.	Kenaw. — Id.
Quener, v. n. — Respirer très-bruyamment par suite de fatigue ou de souffrance. Ce mot n'est qu'une onomatopée, et vient de *kenaw*. Les plaintes des enfants sont en effet des *quenées*.	
Le mot *quenaillerie*, souvent confondu avec *canaillerie*,	

POITEVIN.	BRETON.
pour canaille, en diffère beaucoup et signifie littéralement : misérable se lamentant. *Y sont bé las de thiés quenailleries*, disent les paysans en parlant des pauvres.	

R

RABALER, v. a. — V. *tribaler*.	
RABINÉE, s. f. — Chose qui se répète, qui se fait plusieurs fois.	RABINAD. — Avenue, rangée d'arbres.
RACHE, s. m. — Mal qui vient à la tête des enfants.	RAC'H. — Espèce de gale qui vient à la tête des enfants.
RACHE ou RANCHEAU, s. m. — mugissement du vent.	RINCHAN. — Mugissement.
RACHÉE, s. f. — Giboulée presque toujours accompagnée de vent.	
RACHER, v. n. — Souffler, gémir en parlant du vent.	RINCHANA. — Beugler, mugir, crier comme un taureau.
REBECCA, loc. — Faire muette, avancer sur le voisin en la-	REBECH'A. — Récriminer. Peut-être cela signifie-t-il prise

POITEVIN.	BRETON.
bourant. Faire rebecca c'est rebecquer, revenir de nouveau, répéter.	de bec avec le voisin quand on trépigne sa terre.
Regane, s. f. — Rigole.	Rega. — Travailler légèrement la terre avec la charrue, faire des sillons, des raies.
Rège ou Rige, s. f. — Raie de sillon, ligne que laisse le passage d'une charrue ou tout autre instrument aratoire.	Regez. — Déchirure, séparation.
Reize ou Rigeon, s. — Petite raie, petit rayon.	Reiz. — Arrangement, ordre.
Requeter (se), v. p. — Protester, se défendre, se rebecquer....	Re ; particule réduplicative, *kentélia*, corriger, enseigner, porter à la vertu.
Ricoines, s. f. p. — Contes à faire rire, récits bizarres....	Richana. — Ricaner.
Rigeail, s. m. — Herbe qui croît dans les *règes* ou *riges*.	(V. *Rège*).
Rimer, v. n. — Brûler, prendre au fond du vase en cuisant.	Rima. — Racler, enlever avec quelque chose de rude ou de tranchant quelques parties de la superficie d'un corps.
Rimi, s. m. — Partie adhérente au vase où s'est faite une cuisson culinaire.	C'est ainsi qu'on agit pour enlever le *rimi* d'un chaudron. Le patois a souvent pris

POITEVIN.	BRETON.
	au Breton la conséquence pour le fait.
Ripade ou **Ripée**, s. f. — Glissade.	**Rampaden**. — Glissade.
Riper, v. n. — Glisser.	**Rampa**. — Id. Il y a bien synonymie entre ramper et glisser, cependant nous ne pouvons affirmer que *riper* vient de *rampa*.
Roi-Berteaud, s. m. — Roitelet.	**Ber**. — Court, petit.
Roquer, v. n. — Produire avec les dents, un bruit sourd en mâchant un corps dur.	**Roc'ha** ou **Soroc'ha**. — Produire un bruit sourd.
Rupin (avoir l'air). — C'est paraître éveillé, joyeux, décidé ; être enluminé.	**Rupin**. — Rouge de figure.
Russe, s. f. — Rouge-gorge.	**Ruz**. — Rouge. En Gaël-Ecos. *ruaz* et *ruiz*. En breton le rouge-gorge se dit *boc'h-ruz*.

S

POITEVIN.	BRETON.
Sabe, s. f. — Sève.	**Svbr**. — Sève.
Saber, v. a. — Lever la peau, ce qui est facile quand la	

POITEVIN.	BRETON.
sève afflue ; par extension écorcher.	
SABOT, s. — qui sabe.	
SACQUER, v. n. — Placer un objet en un lieu quelconque. *Sacque dans ta poche,* dit le paysan.	SAC'HA. — Tirer à soi. SAC'H. — Sac. Si nous donnons ces deux mots c'est afin de laisser le choix de l'étymologie.
SACQUETER, v. n. — Lanciner, sentir un mouvement pulsatif.	SAC'HA. — Ce verbe peut trouver ici son application.
SAFARI ou SAVARI, s. m. — Vacarme.	SAVARI. — Faire du bruit, crier, parler haut.
SAGOUILLER, v. n. — Jouer avec l'eau. C'est le même que Gassouiller.	
SAGUENAT ou STAGUENAT, s. m. — Urine qui croupit.	STAOTIGEL. — Creux plein de pissat, d'urine.
SAILLURE, s. f. — Saillie d'étalon.	SAILLA. — Id.
SARGAIL, s. f. — Fille qui se tient mal.	
SARGAILLER, v. n. — Se dit des filles immodestes qui vont courir les rues. (V. *garsailler*).	

POITEVIN.	BRETON.
SÈGELIER, s. m. — Qui habite un pays de seigle.	SEGOLEK. — Champ ensemencé de seigle.
SEGEOU, adj. — Moissonneur.	
SEGER, v. n. — Moissonner.	SKÉJA. — Inciser, tailler, couper.
SEGERIE, s. f. — Moment de la moisson. On dit aussi la sège.	
SELIAE, s. f. — Un plein seau.	SALAD. — Id.
SETRA, s. m. — Bas sans pied.	SAOTRA. — Souiller, salir.
SETROU ou SOUTROU, adj. — Sale, couvert d'ordure, immoral.	SAOTR. — Ordure, immondice.
SILER, v. n. — Pousser des cris aigus.	SKILTR. — En parlant de la voix, perçant, aigu....
SOULA, s. m. — Nombre. (Voir ce mot plus haut).	
SURGEOIRE, s. f. — Corde très employée pour lier et attacher les animaux ou des fardeaux.	SUGEL, — Une corde. SUGELLOU, plusieurs cordes.
SUS, s. m. — Sud. Le paysan appelle le vent du midi le le vent *d'en sus*.	SU. — Sud.

T

POITEVIN.	BRETON.
Tabaraie, s. f. — Marmelade, gâteau de fruits appelé aussi *goguenion*.	Bara. — Pain.
Tabut, loc. — Tracas.	Tabut. — Bruit, dispute.
Tache, s. f. — Clou à double tête qu'on met aux chaussures.	Tach. — Clou.
Talbot, s. m. — Billot qu'on met au cou ou aux cornes des animaux.	Tal, — Front, bod, branche, rameau.
Talboter, v. n. — Mettre un billot.	
Talère, s. m. — Tarière.	Tarar. — Id.
Talou ou Estalou, s. m. — Premier sillon, modèle, commencement d'un ouvrage.	Talar. — Premier sillon. Vient de *tal* front et *arar* charrue.
Taper, v. n. — fermer, boucher, clore.	Tapa, fermer, couvrir.
Tapon, s. m. — Bouchon.	Tapaze. — Couvercle.
Tapouner, v. n. — Boucher un petit orifice, diminutif de taper.	

POITEVIN.	BRETON
Tarve ou **Terve**, adj. — Mince.	**Tev.** — Epais. Quelques mots poitevins sont pris dans une acception opposée au sens breton.
Tennezir, v. n. — Echauffer. **Tennezi**, adj. — Bois échauffé.	**Tez.** — Echauffement, disposition à la pourriture, particulièrement en parlant du bois.
Tet, s. m. — Toit.	**Ti.** — Maison.
Tilli, s. m. — Plafond en bois ou en torchis.	**Tiler.** — Plafond en torchis.
Tirette, s. f. — Tiroir.	**Tireten.** — Id.
Touaille. s. f. — Nappe.	**Toual.** — Id.
Toullot, s. m. — Manche de fléau. On dit aussi *Toullat.*	**Toulla.** — Trouer. **Toul** un trou. Ce manche étant percé d'une façon exceptionelle il est probable qu'il en a pris son nom.
Tourtelle, s. f. — Tout ce qui a forme de tourteau.	**Tourtel.** — Grand pain rond.
Train, s. m. — Vase à boire de terre commune.	**Trank.** — Id.
Tralée, s. f. — Plusieurs êtres à la suite les uns des autres.	**Strollad.** — Amas, troupe, file, groupe.
Traler (se), v. a. — Se promener beaucoup.	

POITEVIN.	BRETON.
TRAN ou TRAYANT, s. m. — Sorte de fourche recourbée, à deux doigts ou pointes, servant à piocher le fumier.	TREANT. — Harpon.
TREPER, v. n. — Trépigner. La racine *trip-trap*, nous dit M. Boucherie, avec le sens du mouvement précipité des pieds se trouve en latin, en allemand, en anglais, dans le celtique.	TRI, trois ; PEZ, pied. Quand on trépigne le mouvement se répète généralement trois fois.
TRIBALER, v. a — Traîner, promener, se prodiguer. Augmentatif de *rabaler*.	TURIBALOU. — Fatras, amas de choses inutiles.
TRIBALERIE, s. f. — Objet qu'on traîne partout, comme la *tribalée* aux foires. On dit se *tribaler* ou se *trimbaler*, pour indiquer qu'on se prodigue. Une *tribalée* prend parfois le sens de *ribambelle*.	
TRIBERT, s. m. — Fourche aux doigts de bois au nombre de trois.	TRI, trois ; BER, broche, pointe.
TRIBOUIL, s. m. — Tracas.	TRIBUL. — Affliction, tristesse.
TRICOUSE, s. f. — Guêtre de laine ou de toile, sorte de bas.	TRIK-HEUZOU. — Sorte de bas en drap ou en cuir qu'on met par-dessus d'autres bas.

POITEVIN.	BRETON.
	Ce mot est composé de *trik* pour *striz*, étroit, et de *heûzou*, bottes.
TRÔLER ou TREULER (se), v. p. — Se rouler dans la boue.	STROULA. — Salir, crotter, se couvrir de boue.
TRÔA, s. m. — tronc dur des plantes herbacées.	TROAD. — La partie de la tige d'une plante la plus près de la terre.
TROUIL, s. m. — Dévidoire.	TRAOUIL. — Dévidoire que l'on tourne perpendiculairement.
TROUILLER, v. n. — Remplir la dévidoire, la couvrir de fil.	
TROUILLON, s. m. — Bâton qui sert à trouiller. Les moulinets de tous genres sont mis en mouvement par des trouillons.	
TROUSQUIN, s. m. — Jobloir.	TREUSKIN. — Id.
TROZER, v. a. — Alterner, planter en quinconce.	TREUZA. — Tordre, tourner de travers, biaiser.

V

VANAYER, v. n. — Plier, fléchir.	VAGANEEIN. — Tomber en faiblesse.

POITEVIN.	BRETON.
VANE, adj. — Faible, mou.	(V. le latin.)
VANER, v. a. — Fatiguer, lasser.	
VANIGOIS, adj. — très faible.	
VEZAGUE, s. f. — Chose sans consistance, mauvaise marchandise, mauvais travail, mou comme une *vèze*.	(V. le latin.)
VÈZE, s. f. — Cornemuse.	VEZOU. — Biniou.
VEZICLE, s. f. — Badine qui coupe l'air en *vezounant*.	
VEZOUNER, v. n. — Imiter le bruit du *vezou*.	
VRENUSSER, v. n. — S'occuper à des riens.	BRUZUNA. — Emietter.
VRENUSSERIE, s. f. — Menue occupation.	Le patois poitevin met dans une foule de mots le *v* pour le *b*.
VRENUSSOU, s. — Tâtillon.	

ORIGINES LATINES, ANGLAISES & FRANÇAISES.

Dans cette seconde partie de notre travail, nous allons rencontrer bien des mots dont l'origine paraîtra incertaine entre le celtique et le latin ; comme rien ne prête à plus d'interprétation qu'une étymologie, et que les plus erudits se trouvent en contradiction sur ce terrain, nous donnerons quelques-uns de ces mots en double, c'est-à-dire dans les deux langues, afin qu'ils soient plus aisément jugés.

Si nous écrivons l'histoire étymologique du patois poitevin, nous n'avons point entrepris celle de tous ses radicaux ; cette tâche serait au-dessus de nos forces et prendrait des limites infiniment plus grandes que celles que nous nous sommes assignées.

De l'aveu de M. le Gonidec, ce savant si consciencieux, une foule de mots, malgré la répugnance des bretons à les recevoir, se sont glissés dans cet antique dialecte, et ces mots ne sont pas toujours faciles à reconnaître à cause de l'empresse-

12

ment que l'on a mis à les *bretonniser*. Il serait donc téméraire de notre part d'affirmer des origines qu'un homme si compétent que l'auteur du dictionnaire ne reconnaît pas toujours.

Si nous avons mis en regard de quelques mots poitevins des étymologies douteuses, nous sommes bien excusable en cela, puisque cette science ne procède le plus souvent que par des à peu près et que nulle part nous n'en avons trouvé de meilleures. On nous rendra cette justice, cependant, que nous avons été sobre de déductions torturées et d'affirmations mal étayées. Une remarque peut aider à la recherche des mots celtiques, c'est que, concis pour la plupart, ils sont imitatifs, et rappellent la forme et la composition des objets.

C'est pour ces motifs que nous croyons le mot *channebin*, chanvre ou filasse, provenant de *kan*, canal; on sait que le chanvre est creux. Le mot *Garouil*, maïs, peut paraître douteux, cependant s'il est une plante d'aspect sauvage, dure, âpre au toucher, c'est bien celle-ci, et le mot breton *garou* répond à ces caractères. Il existe un trèfle du nom de *farouche*; ne pourrait-on, par ce rapprochement, légitimer le nom de *garouil?* Le mot *toullot* peut appartenir, comme on le verra, au breton comme au latin. Il en est ainsi du mot *chail*, pourtant nous le croyons plutôt celtique. Dans cette langue, *calastr* signifie pierre dure; *calculus*, en latin, a bien la même signification, mais il est moins primitif.

Parmi ces mots, l'un des plus douteux dans sa racine est celui de *calet*, nu; ce mot, qu'on devrait prononcer *décalet*, a qui perdu sa callosité (*callus*), peut paraître d'origine latine; mais *kaled*, qui veut dire dur, ferme, a plus de rapport avec le son et l'emploi qu'en fait le poitevin. De *kaled*, avec le sens d'enveloppe, les siliques, cosses et gousses ont pris le nom de *chalupes*. Dans bon nombre de mots le *k* breton est rendu par le *ch* français. Les mots *burin*, vêtement grossier, *burgot*, couvert de bure, ont-ils pour radical *burra*, latin, ou *burel*, breton? Le mot français *bourre*, en latin *burra*, n'est évidemment que ce dernier; *bourre* et *bure* sont synonymes et tous les deux indiquent un poil grossier servant à bourrer ou à tisser. Mais l'origine primitive, où donc la trouver, sinon dans le gallois, qui donne à la langue allemande le mot *buring*, fermier, ainsi que nous l'avons vu plus haut. La bure est peut-être la première étoffe connue et qui servit à vêtir les habitants des campagnes. Le mot *cagouet*, qui signifie nuque se trouve en breton sous celui de *kougoul*, capuchon. Dans quelques vieux dictionnaires on trouve cagoule. Ce mot vient-il de *cuculus* ou de *cagot*, dont on a fait *cagou*, hypocrite? Nous penchons pour ce dernier; alors il serait d'origine celtique et viendrait de *caas-Goths*, chiens de Goths, hypocrite.

Bourloter, faire *bourlot*, se divertir après le travail d'une saison, vient-il du latin *Burla*, qui répond à bourde, moquerie, ou du breton *farlota*, se divertir, s'amuser? Malgré la différence notable qui existe entre les deux premières lettres des deux expressions, différence qui cesse de surprendre quand on on a vu combien ce cas est fréquent au passage d'un mot d'une langue dans une autre, nous penchons pour cette origine dernière. L'anglais a *burly*, gros et gras, replet, enflé; comme *faire bourlot* répond à l'idée de se gorger, de se bourrer, se remplir, peut-être devons-nous ce mot à cette langue.

Ces quelques exemples ont pour but de faire entrevoir au lecteur combien est incertaine l'étude des étymologies et combien nous avons droit à son indulgence.

Qu'on nous permette encore quelques exemples qu'il nous sera facile de fournir, puisque bien des mots peuvent offrir un doute entre l'origine latine et l'origine bretonne.

Le poitevin a *eluser*, faire des éclairs, le breton *luzedi*, le latin a *lucere* pour luire.

Le poitevin a *frou*, herbu, le breton dit *fraost*, inculte et le latin *frons*, feuillage.

Le poitevin a *garguenat*, gosier, le breton *gargan* et le latin *gurgulio*, gorge.

Le poitevin a *gllat* ou *gllet*, pain mal cuit, à la coupe bleue, le breton dit *glas*, bleu, et le latin *glastum*, pastel, guède.

Le poitevin a *glouber* ou *louber*, peler des boyaux ; le breton a *loum-bera*, couler goutte à goutte, le latin a *glubere*, ôter l'écorce.

Le poitevin a *grapauder*, marcher avec des membres engourdis, le breton dit *grapa*, engourdi par le froid, le latin *graparc*, grimper avec effort.

Le poitevin a *greneaud*, grenu, le breton *grenol*, grenier, le latin *granosus*, qui contient des graines.

Enfin dans ces trois dialectes, nous trouvons encore :

P. *Lac*, mare ; B. *lagen*, id. ; L. *lacus*, grand amas d'eaux dormantes.

P. *Lebrou*, mangeur ; B. *debrer*, id. ; L. *lubenter*, volontiers, de bon gré ; le latin dit *libenter cœnare*, diner de bon appétit.

P. *Loré*, laurier ; B. *loré*, id. ; L. *laurus*, id.

P. *Maille*, meule de gerbes ; B. *malan*, id. ; L. *mola*, meule.

P. *Meulan*, pratique de meunier ; B. *mala*, moudre : L. *mola*, meule.

P. *Mourenne*, baie ; B. *mouar*, mure ; L. *morum*, mure.

P. *Palle*, pelle ; B. *pâl*, bêche ; L. *pala*, pelle.

P. *Pallin* ou *ballin*, pièce de toile ; B. *pallin*, couverture ; L. *palla*, vêtement.

P. *Pelon*, bogue ; B. *pellen*, enveloppe de fruits ; L. *pellis*, peau.

P. *Péra*. poirier ; B. *peren*, id. ; L. *pirus*, id.

P. *Piaumuer*, changer de poil ; B. *muza*, muer, L. *mutare*, changer.

Nous trouvons encore dans les deux langues et patois, les mots : *piger*, *pilet*, *pouvrer*, *prime*, *rège*, *ricoines*, *rupin*, *russe*, *sabe*, *sègelier*, *seger*, *tribouil*, et bien d'autres que les latinistes reconnaîtront à première vue.

Pour plus de lucidité dans cette étude, il est, pensons-nous, indispensable de jeter un coup d'œil sur l'origine et les progrès de la langue française dont émane notre patois pour le plus grand nombre de ses expressions.

Si quelques mots celtiques nous sont demeurés, il en est une infinité d'autres provenant du latin pur, du roman, de l'anglais et enfin du français ; c'est afin de mieux retrouver ces sources diverses que nous donnons les lignes suivantes, tirées d'auteurs extrêmement compétents.

« Les hordes barbares d'outre-Rhin qui envahirent la Gaule au cinquième siècle, la trouvèrent civilisée et toute romaine, surtout dans sa partie méridiodale. La civilisation de l'Angleterre ou de l'Allemagne est toute germanique dans l'origine. La nôtre, dès ses premiers pas, est surtout latine, mais elle n'est pas uniquement latine, comme la civilisation de l'Italie ou de l'Espagne. Centrale en Europe, située sur la limite du monde romain et du monde germanique, limite qui la traverse et la partagea longtemps en deux moitiés profondément distinctes, notre patrie a ce caractère particulier qu'elle a puisé largement aux deux grandes sources de la civilisation moderne. Les traditions celtiques et germaniques, les coutumes locales, les mœurs individuelles, ont dominé dans le nord de la Gaule ; les mœurs municipales, les idées civiles, les institutions romaines dans le Midi.

» Selon Ulpin, la langue gauloise pouvait être employée dans les testaments ; elle aurait donc survécu à la conquête romaine et gardé jusqu'au troisième siècle une existence légale. Au quatrième siècle, Saint-Jérôme reconnaissait chez les Galates d'Asie l'idiome qu'il avait entendu parler aux environs de Trèves. Au cinquième, Sulpice Sévère, dans ses dialogues sur la vie de St-Martin, dit à son interlocuteur : « Parle-nous en celtique ou en gaulois, pourvu que tu nous parles de Martin. » Ce qui montre, ce semble, que les deux dialectes trouvés par César au nord de la Garonne subsistaient encore distincts. Au sixième siècle, Saint-Grégoire employant le mot *fol*, dit qu'il parle à la manière gauloise. *Fol* est dit-on celtique. Après cette époque on ne trouve plus la langue indigène de la Gaule que dans la Vieille Armorique, où, protégée par son isolement et par l'Océan, l'idiome celtique s'est maintenu jusqu'à nos jours. »

La langue romane succéda à la langue celtique ; voici une des meilleures définitions qui nous soit fournie sur ce sujet :

« La langue romane, issue du latin et mère de tous ces beaux dialectes de l'Europe occidentale et méridionale fut longtemps commune à tous les peuples d'origine latine de ces mêmes contrées. L'ancien poète Plaute distingue deux dialectes qu'on parlait à Rome de son temps ; il nomme l'un *lingua nobilis*, et l'autre *plebeja*. La première de ces langues se perfectionnant toujours, devint la langue *urbana* ou classique, l'autre se détériorant par l'abandon qu'en firent les hautes classes de la société romaine, resta rustique et devint de plus en plus grossière.

» Selon M. Fauriel, c'est ce latin vulgaire qui, mêlé aux idiomes barbares des pays conquis par les armes romaines, aurait surtout formé la langue romane. Quoi qu'il en soit ; perfectionnée de bonne heure par les poètes du midi de la France, cultivée avec enthousiasme dans toutes les cours et dans tous les châteaux, cette langue reçut depuis, dans les divers pays, des formes distinctes et caractéristiques. »

Le patois poitevin contient plusieurs mots issus du roman ; il en est même quelques-uns qui semblent venir directement du latin, mais peut-être ces derniers sont-ils les moins anciens, car le latin avait été comme une langue étrangère pour la plupart des écrivains qui s'en servirent tant bien que mal en Europe, du sixième au quatorzième siècle. Ce ne fut qu'au quinzième siècle que cette belle langue, se purifiant du limon barbare, commença à retrouver quelqu'éclat, notamment dans les monastères.

Nous pouvons aisément constater l'influence monacale sur le patois poitevin par les exemples suivants :

En première ligne, nous trouvons le fléau, avec lequel on bat le blé. Ce mot fléau est déjà toute une révélation de l'esprit religieux, qui présida à la confection de cet instrument aratoire (1). Le fléau se divise en plusieurs parties ; l'une se nomme le moine, ou *virolet*, c'est une sorte de cheville sur laquelle tourne la verge du fléau ; par le frottement, la partie supérieure de cette cheville, taillée en rond, acquiert un brillant et un poli rappelant le crâne chauve d'un religieux, puis cette cheville est au fond d'un trou comme une cénobite dans une grotte. Ce moine a le cou passé dans un sorte d'anneau en cuir dur appelé *chapelet ;* une couple rattache le chapelet à la *chape*, cette dernière consiste en un morceau de peau qui revêt toute la partie supérieure de la planchette servant à frapper sur l'aire. Cette planchette se nomme *verge*, et rappelle par son nom la flagellation qu'elle est chargée d'infliger. Le nom du manche de l'instrument n'a rien de religieux, mais peut-être est-il latin, on le nomme *toullot*, ce qui peut venir de *tollo*, je lève, ou j'élève, ou je relève. Rien ne répond mieux à l'usage que l'on fait du *toullot*.

Un mot essentiellement poitevin et fréquemment usité dans nos campagnes, est le mot *cabourne*, creux. L'étymologie en est assez compliquée ; tout d'abord, on le croit dérivé de caverne ou de cabane, c'est même dans ce sens que les paysans le comprennent, puisqu'ils disent d'un arbre creux qu'il est *cabanou*. Rabelais, peut-être, nous en fait comprendre la signification et l'origine. Il dit, page 119 de ses *Œuvres complètes :* « la cabourne des briffaulx. » *Cabourne* signifie capuchon de burre, *cappa burra ;* les briffaulx étaient des moines gourmands. Le mot *briffaut* s'est conservé pour désigner des crêpes grossières.

(1) Les premiers religieux qui vécurent en communauté travaillaient à la terre.

A côté des moines bafreurs, nous trouvons, toujours dans Rabelais, les moines *burgotz*, c'est-à-dire couverts de bure. Ce mot a été appliqué aux gros bourdons roux et jaunes qui bourdonnent au printemps à nos oreilles. Peut-être par leur couleur et leur bourdonnement ont-ils rappelé aux paysans ces religieux d'une autre époque, qui vivaient, pour la plupart, aux dépens des laboureurs.

Comme nous ne sommes rien moins qu'exclusif sur cet élastique terrain de l'étymologie, et qu'avec le mot *cabourne* cité plus haut, nous avons les mots *bourgne* et *bournais*, qui en découlent, voici une autre donnée susceptible d'obtenir certains suffrages. Nous créons le mot *cavarbor*, prononcé *cavbor*, puis *cabor*, enfin *cabourne*, terminaison poitevine. *Cav-arbor*, arbre creux, ayant donné par l'abréviation, si usitée dans le patois, le mot *bournais*, nous trouvons là une étymologie toute naturelle puisque les premières ruches furent et sont encore dans nos campagnes des arbres creux.

En fin de compte, on peut se rejeter sur le mot *caverna*, creux, cavité. Le poitevin change fréquemment l*e v en b* dans ses expressions, et rien de plus ordinaire que de voir *caverna* faire *caberna*.

Il ne faut point s'étonner de rencontrer dans le patois poitevin des mots d'origine italienne et espagnole : les premiers lui sont acquis par le latin et les seconds ont été importés au sein de nos campagnes par les espagnols mêmes en venant acquérir nos mules réputées.

GLOSSAIRE POITEVIN-LATIN [1]

A

POITEVIN.	LATIN.
ABECER ou ABESSER, v. a. — Unir, lier ensemble, souder.	Vient, pensons-nous, de *besson* (V. ce mot).
ACHALER, v. n. — Développer la chaleur, chauffer un four.	CALOR, chaleur. CALERE.
ACHAUDRER, v. a. — Faire avoir chaud. Les brebis s'*achaudrent*.	CALOR. — Chaleur.
ACHAYER, v. n. — Ce mot ne s'applique qu'aux oiseaux qui abandonnent leur nid.	Du grec αχια, α privatif, χια trou. C'est-à-dire qui abandonne son trou, son nid.
ACHÉ ou ACHET, s. m. — Lombric.	ESCA. — Pâture, amorce.

(1) Nous placerons dans ce Glossaire les quelques étymologies grecques que nous rencontrerons, avec quelques mots italiens, espagnols et allemands.

POITEVIN.	LATIN.
ADOBRER, v. n. — C'est donner la dernière main à un champ qu'on sème.	ADOBRERE.—Couvrir de terre.
AFFAITÉ, adj. — C'est un terme de fauconnerie s'appliquant à un oiseau bien instruit, bien dressé, bien façonné. Par extension, on dit d'une personne audacieuse qu'elle est *affaitée*.	Ce mot vient de *factare*.
AFFAITER, v. n. — Terminer une besogne.	FACTARE. — Façonner.
AFFÉROUX, adj. — Difficile sur la nourriture.	AD, à; FORUM, marché. Du verbe *affeurer*, jadis en usage, et signifiant estimer, taxer, fixer le prix des denrées.
AFFIAGE, s. m. — Nom générique des instruments aratoires.	
AFFIER, v. n. — Planter, semer, greffer, bouturer, cultiver.	AD, à; FIDERE, se fier. — On donnait à ce mot le sens de lier, d'unir, d'attacher. Une bouture *affiée* était une bouture attachée (1).
AFFOUGEAIL, s. m. — Combustible, menu bois.	AD, pour; FOCUS, foyer.

(1) *Grand Dictionnaire universel du* XIXe *siècle.* — P. LAROUSSE.

POITEVIN.	LATIN.
AFFOUGER, v. a. — Quoique venant d'*affougeail* ce mot signifie étouffer, asphyxier, et cela parce qu'un four ou un foyer trop fournis de bois tassé, alors manquant d'air, étouffe.	On disait autrefois *affouage (affoarium)*, droit de prendre du bois de chauffage dans une forêt.
AGRALER ou AGROLER, v. n.— Parler d'une voix agréable, traîner les mots.	Ce mot peut venir du grec αγροσ, champs, λογοσ, discours, et se rendre par discours des champs, parler comme à la campagne.
AGRAVER (s'), v. p. — Se fatiguer à la marche. Autrefois on portait des chaussures du nom de *grèves*; peut-être est-ce là le radical.	GRAVIS. — Pesant, lourd, chargé de, lent, etc.
AIGUE, s. f. — Eau.	AGUA. — Eau, mot espagnol. (V. plus haut les dérivés.)
AMAUDURER, v. a. — Calmer.	DURARE MALUM. — Endurer son mal.
AMENDIANT, s. m. — Surplus, petite compensation donnée par les marchands.	EMENDATIO. — Action de corriger. (C'est l'amende du marchand.) EMENDARE. — Corriger.
ANIER, v. n. — Introduire, propager des insectes.	AGNASCOR. — Naître sur ou à côté.

POITEVIN.	LATIN.
Apivrer, v. n. —Apprivoiser. On applique ce mot surtout aux oiseaux qui deviennent familiers. On dit aussi *pivrer*.	Privare. — Priver.
Arantelle, s. f. — Toile d'araignée.	Aranea tela. — Id.
Are. — Du verbe *aresir*, devenir sec, cassant, desséché, rugueux.	Urère. — Dessécher la terre, les plantes, brûler par le frottement, écorcher, blesser, ulcérer.
Ascelée (se mettre à l'), loc. — Se tenir sur les talons.	Vient du grec, α, privatif, σκελοσ, jambes.
Avoluer, v. a. — Prendre du volume et de la valeur.	Valere. — Valoir.
Avoure, loc.—A cette heure.	Ad horam.

B

Bagnole, s. m. — Grand panier qui sert à porter des belles ou du foin à l'étable.	Bugnola. — En italien, signifie panier.
Bardou, s. m. — Ane.	Burdo. — Mulet engendré du cheval et d'une ânesse.
Bère, v. n. — Boire.	Bibere. — Id.

POITEVIN.	LATIN.
Besson, s. a. — Jumeau.	**Bisomus.** — Qui contient deux corps.
Bicourger, v. n. — Plier une chose sur elle-même. Le poil ébouriffé est *bicourgé*.	**Bis.** — Deux fois. **Curvare.** — Courber. Le patois nomme une courbe une *courge*.
Bijer, v. a. — Embrasser.	**Bis**, deux ; **gena**, joue. — On peut le faire venir aussi de *bis*, deux, *jot*, joue ; ce mot est breton.
Biscouette ou **Bascouette**, s. f. — Hoche-queue.	**Bis**, deux ; **cauda**, queue. — Cet oiseau agite si rapidement sa queue qu'il semble en avoir deux.
Bisse, s. f. — C'est un des noms du rouge-gorge.	**Bis, ise.** — Brune. Sauf la gorge, cet oiseau est brun.
Bourgne, s. f. — Corbeille faite de paille et de ronces fendues, ayant forme de vase.	
Bourgnon, s. m. — Engin de pêche en osier ayant forme de *bourgne*.	Ces mots, dont l'étymologie est la même, ont la signification de *creux* et viennent de *cabourne*.
Bournais, s. m. — C'est une ruche de paille et de ronces fendues, comme la *bourgne*,	

POITEVIN.	LATIN.
ou simplement d'un tronc d'arbre.	
BOURRIN, s. m. — Mauvais cheval.	BURRICUS. — Petit cheval, (poney).
BOUTTESOULE, s. f. — Roue de brouette qui fonctionne seule.	BUTTARE, bouter; SOLA, seule.
BRANGER, v. n. — Déchaumer.	VERUAGERE. — Retourner une terre qui est en jachère.
BRÉCHER, v. n. — Faire brèche dans les gâteaux de miel d'une ruche, dans les brèches.	BRECHEN. — (Mot allemand) qui signifie rompre.
BRIZEAU, s. m. — Fourrage vert composé souvent de légumineuses, de céréales et de graminées.	BRIZA VULGARIS. — Graminée précoce. Cette plante, autrefois coupée sur le bord des bois et des champs, fut le premier *brizeau* donné à l'étable.
BROUILLER, v. n. — Trier dans un bois qu'on fagote le gros bois du menu.	Ce mot est une antonimie de l'italien *broglio*, mot passé dans le latin vulgaire avec la signification de mettre pêle-mêle. Autrefois *brolium* signifiait un lieu planté.
BUFFÉ, adj. — Creux, soufflé.	
BUFFER, v. a. — Souffler.	En italien *buffa*, enfler les joues.

POITEVIN.	LATIN.
Buffou, s. m. — Tube dans lequel on souffle pour allumer le feu.	
Burin, s. m. — Vêtement de bure.	**Burra**. — Bure.
Buyot, s. m. — Petite buire, vase à boire.	**Bir**. — En arabe signifie puits.

C

Cagne, s. f. — Terme de vénerie. C'est le nom donné à la chienne.	**Canis**. — Chien.
Cagne, s. f. — Jeu de la toupie ; petite entaille comme en ferait une dent de chien.	Peut-être n'est-ce que le mot écaille que les paysans prononcent *écagne*.
Cagner, v. a. — Faire des trous sur une toupie avec le fer d'une autre.	
Cagner ou **Canner**, v. n. — Caponner. Tu es lâche comme un chien, dit le gamin brave à son camarade peu courageux, tu *cagnes*.	**Canis**, chien, ou **Canere**, vieillir.

POITEVIN.	LATIN.
CAGNON, s. m. — C'est un morceau de pain de la grosseur nécessaire au repas d'un chien. Par extension on nomme ainsi un morceau de bois ou de pierre ayant ces proportions.	CANINUS, de chien; CANINUM FAR, pain de chien.
CAGNOT, s. m.—Jeune chien.	CANIS.
CALER, v. n. — Plier, céder au temps, agir avec plus de modération, faire le poltron.	TEMPORI SERVIRE, dit un dictionnaire. Si ces expressions ne donnent pas une étymologie, elles indiquent l'usage du mot.
CAROLON, s. m. — Coiffure sans visière.	GALERUS. — Casquette de paysan.
CAPER (se), v. p. — Se tapir.	Ce mot vient de *cappa* et signifie se cacher dans sa cape.
CARTE, s. f. — Saison d'été, le quart de l'année.	QUARTUS. — Quart.
CASSERON, s. m. — Petite boîte ou coffre qu'on met sous les moulins à vanner.	CAPSA. — Coffre, cassette.
CAVER, v. n. — Creuser.	CAVARE. — Creuser.
CENELLE, s. f. — Fruit de l'épine. Le poitevin dit *sener* pour semer. *Cenelle* est un diminutif et signifie petite semence.	SEMEN. — Grains, noyaux, pépins qu'on sème.

POITEVIN.	LATIN.
CHA, prép. — Par. On dit *cha-z'un*, par un ; *chapetit*, sous-entendu *par*, c'est-à-dire par petits pas.	Nous croyons que *cha* vient de *hac*, avee la transposition du c pour l'euphémisme.
CHACLIE, s. f. — Claie ou longue planche qu'on met aux deux côtés d'une charrette.	CARRUS, char ; CLAUDO, claie ; ou CLOSUS, char clos.
CHACLIER, v. n. — Ternir, rendre opaque, tacher.	De l'italien *squaglia*, écaille.
CHACLIEURE, s. f. — Tache de poussière sur le verre, trace graisseuse.	SQUAGLIA. — Écaille.
CHAIL, s. m. — Silex.	CALX. — Pierre à chaux. Dans la *Bretagne*, par L.-F. Jehan, p. 59, il est dit que *kelt* vient du Cymrique, et signifie pierre à feu.
CHALER, v. n. — Eprouver aux mains ou aux pieds une forte sensation de froid ou du chaleur ; comme dans les deux cas le mal est cuisant, la même expression est employée.	CALERE. — Être chaud. Quand on recevait un violent coup sur les doigts, ce qui causait certain frémissement, on disait : Ça me fait *chaud*. Ce frémissement se fait sentir dans les mains *chalées*.
CHARQUOIS, s. m. — Carcasse.	CARNE CASSUS.

POITEVIN.	LATIN.
CHENOLLE, s. f. — Anse de panier.	CANUM. — Panier, corbeille.
CHEPSAUT, s. m. — Tête de champ.	CAPSOS. — Commencement.
CŒURARSON, s. m. — Estomac brûlant.	COR, cœur ; ARSURA, chaleur. Le latin dit *arsura stomachi*, inflammation de l'estomac.
COHABINER, v. n. — Aller lentement, lenterner.	COHIBEO. — Retenir, arrêter, réprimer.
COET, s. m. — Sorte de *godet* où l'on met la pierre à aiguiser ou *queue*.	COS. — Pierre dure, caillou.
COIRER, v. n. — Fermer avec une *coire*, cuir.	CORIUM. — Cuir.
COURE, adv. — Quand.	COR. — Quand. (Provençal.)
CRAQUELLE, s. f. — Crâne, os qui contient le cerveau.	L'allemand a *krachen*, qui fait du bruit en éclatant. Le crâne est très-sonore ; c'est aussi par ce motif qu'on nomme les coquilles *cracottes*.
CRUSTELLE, s. f. — Endroit où se divisent et se croisent les branches d'un arbre.	CRUX, croix ; CRUS, jambe.

D

POITEVIN.	LATIN.
Décaniller, v. n. — Faire sortir les chiens du chenil.	Canis. — Chien.
Décurailler, v. n. — Ce mot s'applique aux nuages ; quand un ciel couvert se nettoie, devient pur, il se décuraille.	Decurrere. — Passer à tel ou tel état ; aller, marcher, courir, tels font les nuages au moment du beau temps.
Defors, adv. — Dehors.	Deforis. — Du dehors, au dehors.
Défruche, s. f. — Reliefs du repas ; par extension, débris, racines, etc.	Defrustare. — Couper en morceaux. Vient de *frustum*, morceau d'un aliment, bouchée.
Délinguer, v. n. — Perdre de sa valeur, de son mérite, de sa force.	Delinquere. — Faire faute, manquer.
Déréger, v. n. — Faire de nouvelles raies ou lignes à un champ.	Regio, direction, ligne droite ; Regare, revenir (après un circuit).

POITEVIN.	LATIN.
Desanier, v. n. — Chasser, détruire des insectes nés dans un lieu quelconque.	(V. *Anier*.)
Détrier ou **Détrayer**, v. a. — Sevrer, ôter le *trayon*.	**De Trahere**. — Tirer le lait des vaches.

E

Ebanouir (s'), v. — Tomber en défaillance, se sentir mourir.	**Hebere**. — Être affaibli.
Ebouiller, v. a. — Ecraser un corps mou, en faire bouillonner un liquide quelconque.	**Ebullire**. — Bouillonner. Le patois en a altéré le sens et lui a donné de l'extension.
Echaclier, v. n. — Ecailler un poisson.	(V. *chaclier*.)
Echamelée ou **Chamelée**, s. f. — Tas de foin de toutes qualités coupé dans l'épaisseur, ce qui donne un foin mêlé.	**Cha**, par; **miscellaneus**, mélangé.
Ecilles, s. f. p. — Restes de nourriture.	**Escare**. — Manger.

POITEVIN.	LATIN.
Effournier, v. n. — Fuir le nid.	**Fugere-nidum.**
Effrimer, v. n. — Casser menu avec un bruit sec. Les feuilles sèches *effriment*.	**Fremere.** — Faire du bruit résonner, retentir.
Emisser (s'), v. p.—Se donner beaucoup d'action, s'agiter.	**Immiscere.** — Se mêler de....
Enfarge, s. f. — Entrave pour les animaux qu'on met paître, afin de les empêcher de bondir, de fringuer.	**Infringere.** — Fléchir, briser contre, abattre, annuler. Ou encore : *in forgia*, mot de la basse latinité, qui signifie forge, lieu où l'on travaille le fer; peut-être y fait-on des *enfarges*.
Eloiser, v. n. — Faire des éclairs.	**Elucere.** — Se montrer lumineux.
Ecrucher, v. a.—Suspendre. (V. *crustelle*.)	
Epiger, v. n. — Former des épis. Nous avons vu plus haut que piquer se dit aussi *piger*.	**Spicare.** — Former en épi. Au figuré, donner la forme d'épi, rendre hérissé, piquant.
Epigeot, s. m. — Petit épis.	
Erader, v. n. — Tomber, se faner à l'air. Un blé *éradé* est souvent échaudé.	**Aer**, air, ou **Eradicare**, déraciner.

POITEVIN.	LATIN.
Eraller, v. a. — (V. *ralle*). Déchirer.	
Erbette (être à l'). — C'est être dans l'obscurité.	Erebus. — Erèbe. Cette divinité est parfois prise pour la nuit.
Erauder, v. n. — Chanter un air lent et monotone, souvent sans paroles, en conduisant les bœufs.	Peut-être le radical est-il *aer*; cependant dans ce cas on dit *modulus*. Peut-être est-ce une onomatopée.
Ermitou adj. — Avoir l'air mitou, chatte-mitte, sournois.	Aer mitis. — Air doucereux.
Etrebeuille, s. f. — Tourbillon, trombe.	Turbo. — Tourbillon.

F

Fedon, s. m. — C'est le fruit de l'année dans les espèces asines et chevalines.	Fœdus pour Hœdus. — Chevreau. Ce mot est employé affectueusement par le fermier pour indiquer la petitesse et la gentillesse de ses élèves.
Fécelle, s. f.—Vase en terre ou en bois percé de trous servant à égouter les fromages.	Fiscella. — Petite corbeille, éclisse, forme d'osier pour faire égoutter les fromage.

POITEVIN.	LATIN.
Fetat ou **Futat**, s. m. — Rameau, branche.	**Fustis.** — Pieu, gaule, bâton.
Fissouner, v. n. — Siffler comme les serpents.	
Fisson, s. m. — On désigne ainsi la langue fendue des serpents que les ignorants regardent comme un aiguillon; par extension on nomme aussi *fisson* le dard des abeilles.	**Fissus.** — Fendu.
Foguer, v. a. — Gorger, remplir de nourriture.	**Focare** (basse latinité). — réconforter, rétablir.
Frindre, v. n. — Délier les gerbes dans l'aire et les battre.	**Frigere.** — Sauter avec bruit. Nulle expression ne peut mieux rendre l'action des fléaux. Nous trouvons *frendere*, mais il signifie broyer avec les dents, moudre avec une meule, s'irriter, frémir de rage...
Frintis, s. m. — C'est l'aire couverte d'épis régulièrement rangés.	**Frit.** — Pointe de l'épi. Il nous semble qu'il ne faut pas chercher davantage et que ce mot latin, quoique indéclinable, rend complétement l'action de *frindre* et le *frintis*.

POITEVIN.	LATIN.
FRENICLER, v. n. — Se remuer, s'agiter.	
FRENICLOUX, adj. — Chatouilleux. Ce mot, qui ne s'appliqua d'abord qu'aux chevaux, comme la plupart des mots poitevins du même ordre est employé pour les personnes.	FRENUSCULI. — Ecorchures à la bouche des chevaux, vient de *frenum*, frein, et de *culus*, derrière. Un cheval que le mors fait reculer, sauter et se cabrer devient naturellement difficile, chatouilleux.

G

GABER (se), v. p. — Se remplir, manger, manger à la gamelle.	GABATA. — Ecuelle.
GABOT, s. m. — Petite mare, un trou plein d'eau. Le paysan dit dans ce cas : *In gassot grand coum ine éthieulle.*	GABATA. — Id.
GAISSER, v. n. — Taler.	GLISSERE. — Croître, s'étendre.
GEALLE, s. f. — Engelure.	GELU. — Glace, grand froid.
GIRIES, s. f. p. — Simagrées.	GIRI. — Détours, subtilités.

POITEVIN.	LATIN.
GLOUBER, v. a. — Peler des boyaux.	GLUBERE. — Oter l'écorce.
GLOUBE, s. f. — Petit morceau de bois fendu qui sert à *glouber*.	
GORDER, v. n. — Quand une faulx est mal battue elle donne trop d'ampleur au tranchant, cela se nomme *gorder*, une faulx *gordée* est très impropre à faucher.	L'espagnol a *gordo*, qui signifie maladroit, grossier, peut-être est-ce là notre étymologie.
GOUFFE, adj. — Se dit d'un tranchant trop épais.	GONFIATO, en italien signifie enflé, et GOFFE, en français, grossier.
GOUMITEUX, adj. — Pituiteux, qui fait de vilains crachats.	GUMMOSUS. — Gommeux, visqueux, gluant.
GRENEAUD, adj. — Qui n'adhère pas, chose roulante, objet *grenu*.	GRANUM. — Grain, graine.
GRENAUDER, v. n. — Crouler.	
GRINGOT, s. m. — Rassemblement de deux ou trois personnes.	GREGARE.—Attrouper, réunir.
GUILLER, v. a. — Glisser. Vient d'anguille.	ANGUS.—Serpent. Les paysans disent : *Ça guille coume ine vremine, coume ine anguille.*
GUILLET, s. m. — Petite issue, passage étroit.	

H

POITEVIN.	LATIN.
Houzanne, s. f. — Buisson, rameau.	Hosanna. — Salut et gloire. Ce mot rappelle aux paysans le dimanche des rameaux et le bois qu'on distribue à la messe. C'est une sorte d'antonomase.

I

Imbédient, adj. — Imbécille.	Ce mot, nous dit-on, est espagnol.

J

Jau, s. m. — Coq. Un jeune coq se nomme *jallet*.	Gallus, id. — Le *j* est plus euphonique que le *g*, c'est

POITEVIN.	LATIN.
JAU, s. m. — Robinet de bois imitant vaguement une tête de coq.	pourquoi on dit *jollet* au lieu de *gallet*. Nous connaissons une houque du nom de *jaucoue*, *galli-cauda*, queue de coq.
JAULAGE, s. m. — Fécondation de l'œuf par le *jau*	
JAULER, v. n. — Féconder.	
JEINCOLLE, s. f. — Lisière, bande d'étoffe qui joint le col et sert à porter un poids quelconque.	JUNGERE. — Collum.
JONCER, v. a. — Balayer avec un balais de jonc.	JUNCUS, jonc ; JUNCEUS, de jonc. On nomme *jonçures* les balayures.
JOUELLE, s. f. — Timonneau transversal.	JUGALIS. — Qui a trait au joug.
JUILLES, s. f. p. — Lanière qui attache le joug.	

L

POITEVIN.	LATIN.
LACQUER, v. n. — Boire au lac, à la mare.	LACUS. — Lac.
LAGNOU ou LANOU, adj. — Paresseux, lâche, mou.	LANEUS. — Sans consistance, mou comme de la laine.

POITEVIN.	LATIN
LAUDER, v. a. — Dire des riens, chercher à plaire par des contes.	LAUDARE. — Vanter, prôner, préconiser.
LAUDES, s. f. p. — Contes, flagorneries.	
LAUDOUX, adj. — Conteur.	
LIMOIRER, v. a. — Faire des traces visqueuses, comme la limace.	LIMARE. — Couvert de vase, de boue.
LIMOIRI, s. m. — Trace gluante.	
LIRE (boire à la), loc. — Boire un plein vase sans s'arrêter. On dit aussi danser à la *lire*, c'est-à-dire à la file ; enfin on nomme *lirette* une bande d'étoffe.	LIRA, à la vérité, est un terme d'agriculture qui signifie sillon, mais pris au figuré, il répond assez bien aux expressions poitevines.
LOCHE, s. f. — Limace.	COCHLEA, id., — Ce mot, qui fournit si bien le mot *loche*, est défiguré par une métathèse.
LEUGRER, v. a. — Graisser, huiler, se tacher. Ce mot vient d'huile, qu'on prononce *eule*, et de graisser.	OLERUM, CASSARE.
LUZET ou LIZETTE, s. m. f. — Graine luisante de la gesse des blés.	LUCIDUS. — Luisant.

M

POITEVIN.	LATIN.
Madeure, adj. — Lourd, compacte; pain épais, humide et moite, comme le pain de seigle. Pomme de terre mal cuite.	**Mador.** — Moiteur, humidité.
Magni-Magnaux, loc. — Gros personnages, les gros bonnets de l'endroit. Nous trouvons cette expression dans Rabelais.	**Magni.** — Fiers, orgueilleux, superbes.
Maisselle, s. f. — Mâchoire.	**Maxilla.** — Id.
Manivolle, s. f. — Farine légère qui se met sur les objets et les personnes dans les moulins.	**Manere**, demeurer; **Vola**, creux de la main. Si, comme les plaisants le disent, les meuniers sont... partiaux, cette étymologie doit leur plaire.
Manoper, v. a. — Tripoter, manier, tâter.	**Manus**, main; **Opera**, travail.
Maranne, adj. — Avare.	En languedocien, ce mot signifie juif circoncis. L'avarice a

POITEVIN.	LATIN.
	toujours été juive par excellence.
MARGANIER, v. a. — Piocher la terre mouillée.	MARGA. — Marne.
MARMUSSER, v. a. — Murmumurer, parler entre les dents.	MAR-MUSSARE. — Marmotter, marmonner, murmurer.
MATE ou MATRE, adj. — Mou, humide, corps sans consistance, comme du mastic, un grumeau de pâte.	MATUS. — Humecté, humide, mou.
MATOUILLER ou MATROUILLER. — Mâcher sans avaler, faire de la nourriture une sorte de mastic qu'on tourne et retourne dans la bouche.	Vient de *Matus*.
MAUFINER, v. n. — Manquer de nourriture, être privé.	MALE-FINIRE. — Finir autrement qu'il ne faut.
MÈLE, s. f. — Nèfle.	MESPILUM. — Nèfle.
MÈLIER, s. m. — Néflier ou Merêlier.	MESPILUS. — Id.
MÈRELICOTON, s. m. — Pêche à peau lisse de la grosseur d'une forte merêle, d'où lui vient son nom.	
MERIENNE, s. f. — C'est la matinée jusqu'à midi.	MERIDIES. — Le milieu du jour.

POITEVIN.	LATIN.
Meulan, s. m. — Pratique de moulin. On dit aussi *molan*.	Mola. — Meule.
Meuiller, v. n. — Écailler.	Molaris. — Pierre meulière qui se taille par éclats.
Mistu, s. m. — Moitié âne, moitié cheval.	Mixtus. — Mixte.
Mitant, s. m. — Milieu.	En allemand *Miltel.*
Mitou (avoir l'air), loc.	(V. *Ermitou.*)
Moret, s. m. — Noir des scieurs-de-long fait avec de la paille brulée, et qui sert à tracer.	Maurus. — Noir.
Moure, adj. — Nom que les bouviers donnent au bœuf noir.	Maurus. — Noir.
Mourenne, s. f. — Petite baie, petite mûre.	Morum. — Mûre.
Muer, v. n. — Changer.	Mutare. — Id.
Muette, s. f. — Petit accessoire de la charrue, très-mobile.	(V. ce mot au *Glossaire breton*).

N

Neille ou **Neuille**, s. f. — Ongle des animaux à pied fourchu. Cet ongle a la forme de clochette.	Nôla. — Clochette.

POITEVIN.	LATIN.
NÈVE, s. f. — Neige.	NIVIS. — Génitif de *nix*, nège.
NIAU, s. m. — Œuf au nid.	NIDO. — Au nid. Par contraction *nio*.
NIGEASSER, v. n. — Vétiller. On dit aussi *nigasser*.	(V. le *Glossaire anglais*.)
NIGEASSOU, adj. — Qui s'amuse à des riens, tâtillon.	NUGATOR. — Celui qui s'amuse à des bagatelles, paresseux, fainéant.
NIRE, ou NEURE, ou NEUSER, v. n. — Nuire.	NOCERE. — Nuire.
NIOT, s. m. — Un tout petit morceau à manger, presque rien.	C'est, pensons-nous, un diminutif de *nihil*. Le mot devrait alors s'écrire *nihot*.
NORE, s. f. — Belle-fille.	NURUS. — Id.
NOUSILLATE, s. f. — Chataigne, noix de chataignier.	NUX CASTANEA (1).
NUBLE, s. f.— Carie des blés, cryptogame noir, pulvérulent. Ce mot est dénaturé, c'est *nielle* qui se prononce *nuble*, comme *hièble* se dit *huble*.	NIGELLUS. — Noir, brun.

(1) V. le Dictionnaire latin-français de MM. Quicherat et Daveluy.

O

POITEVIN.	LATIN.
Oumée, s. f. — Grosseur qui vient à la tête des bêtes à corne, et qui rappelle certaine protubérance qu'on voit sur les arbres, particulièrement sur l'orme.	Ulmus. — Orme.

P

Palène, s. f. — Petite paille provenant d'herbes, surtout de graminées.	Paleo. — Paille.
Palisson, s. m. — Corbeille de paille.	Paleo.
Pallissonner, v. n. — Faire des palissons.	
Parçon, s. m. — Coin renfermé pour mettre du bétail, loge, box.	Parca tellus. — Un coin de terre.

POITEVIN.	LATIN.
PANNETROLLE, s. f.—Digitale. Cette plante prend les noms de sa forme.	TRULLA PANACA. — Vase ventru. (Traduction libre.)
PATTER, v. a. — Comparer, concourir, rivaliser.	PARATIS. — Parité.
PATTIFORMAT, s. m. — Similaire, de forme pareille.	PARITAS-FORMA.
PEILLE, s. f. — Pelouse.	PILOSUS. — Ce mot signifie couvert de poils ; mais les herbes ne sont-elles pas les poils de la terre.
PELON, s. m. — Bogue.	PELLIS. — Peau, enveloppe.
PENAILLONS, s. m. p. — Guenilles.	PANNEUS. — Déguenillé.
PIAU, s. m. — Poil.	PILUS. — Poil.
PIAUMUER, v. a. — Changer de poil.	PILUS-MUTARE.
PICASSER ou PIGASSER, v. a. — Mettre de deux couleurs comme l'est la pie.	PICA. — Pie.
PILET, s. m.—Tronc d'acbre.	PILA. — Pile, pilier.
PINOTTE, s. f. — Petit saloir, cruche.	PIGNATTO. — Pot (Italien).

POITEVIN.	LATIN.
PIRE ou PIROT. — Poumon.	Vient de *spirare*, respirer.
PIRA ou PERIA, s. m. — Place du *pirot*.	
PITAILLER, v. n. — Amasser sou à sou, difficilement, vivre avec peine, liarder.	PITE, PICTA, peinte, quatrième partie d'un denier.
POMPILON, s. m. — Peuplier.	POPULUS. — Id.
PONER, v. a. — Payer, miser.	PONERE. — Placer, déposer.
PONET, s. m. — Jeu d'enfant.	
PONNE ou PANNE, s. f. — Cuve à lessive.	PANNUS. — Morceau d'étoffe. C'est le contenant pris pour le contenu.
POUGNANGE, s. m. — C'est la motte grosse comme le poing où vit le blé.	PUGNUS. — Poing.
POUTRE, s. f. — Pouliche.	PULLASTRA. — Poulette. Ce mot, qui indique que la bête n'a pas produit, est un terme de cajolerie.
PRASSE, s. f. — Passereau.	PASSER. — Id.
PREBIN, s. m. — Provin.	PRO VINUM. — Id.
PRIME, adj. — Précoce.	PRIMUS. — En premier. La *prime* signie croissance printannière.
PRIMOGE ou PRIMELOGE, adj. — Lieu qui donne des pro-	PRIMIGENUS. — Le premier en date.

POITEVIN.	LATIN.
duits précoces, les primeurs elles-mêmes, choses hâtives.	
Pringuer, v. a. — Piquer.	Pungere. — Id. Répond aussi à pincer.

R

Rabaneau, s. m. — Rave des champs.	Raphanus. — Raifort.
Raboyer, v. n. — Former un ruisseau fangeux à la suite d'une grande pluie. Ce mot a beaucoup d'analogie avec le verbe français *rabrouer*, rebuter avec mépris.	Ra. — Syllabe réduplicative. Brou. — En flamand boue.
Rabois, s. m. — Ruisseau.	
Racrémer, v. a. — Recommander.	Reclamare. — Id.
Raire, adj. — Ce qui est tissé clair, peu serré. Une étoffe, un grillage sont parfois *raires*. On sème un champ *raire*. Le vieux français avait *raire*, tondre de près.	Rarè. — D'une manière qui n'est pas drue, être semé clair, panier d'osier à claire-voie.
Raler (se), v. p. — Se raser, marcher en se courbant.	Rallus. — Ras.

POITEVIN.	LATIN.
RALETTE (aller à la), loc. — Aller sournoisement en marchant sur les genoux. Les braconniers tuent beaucoup de gibier par ce procédé.	RALLUM. — Râcloir. Quand on marche à la *ralette*, on rase le sol comme le râcloir. RALLUS. — Ras.
RALLE, s. f. — Un morceau, un lambeau.	RALLA. — Etoffe claire et légère, facile à déchirer.
RAMAIE, s. f. — Pluie abondante et rapide.	RAMOSA NUBILA. — Nuage dentelé.
RAMAILLE, s. f. — Menus rameaux.	RAMALE. — Bois sec, ramée.
RAMIGEAU, s. m. — Ramage, tas, amas végétal, fourré.	RAMOSUS. — Qui a beaucoup de rameaux.
RAMIGER ou RAMISSER.—Faire du bruit dans les rameaux.	RAMUS. — Rameau.
RENCHEAU, s. m. — Grondement du vent.	RHONCHUS. — Ronflement.
REBINER, v. n. — Refaire la même chose, repousser de la même souche.	RE, réduplicatif; BINI, deux.
REBOUFFER, v. n. — En parlant de l'eau qui se gonfle et retourne sur son cours.	(V. *buffa*.)
RÉCEUNER, v. n. — Faire la collation.	RE CŒNULA. — Petit dîner.

POITEVIN.	LATIN.
RECHIVURE, s. f. — Rechute.	RECIDIVUS. — Id.
RECURER, v. n. — Labourer, former le sillon. Pour refaire un sillon, on laboure d'abord ses deux côtés, puis le milieu avec une charrue à double oreille; cette dernière opération se nomme *recurer*.	RE CURARE. — Nettoyer.
REGANE, s. f. — Rigole.	RIGATIO RIGATIONIS. — Arrosement.
REGE, s. f. — Petit rayon, ligne droite.	REGERE. — Diriger, conduire, ou *regio*, ligne.
REGUIGNER, v. n. — Repousser au pied.	REGIGNERE. — Reproduire.
REMEUIL, s. m. — Mamelle des animaux.	RHUMEN. — Id.
REMEUILLER, v. n. — Prendre du *remeuil*, donner du lait de nouveau.	
RENOTER, v. a. — Rabacher, radoter, reprocher, murmurer.	RE NOTARE. — Se répéter, dire toujours la même note, NOTA.
RESOLI, s. m. — Haie sèche entrelacée comme un réseau.	RETIOLUM. — Réseau.
RESSIE, s. f. — C'est la soirée	RES SERI. — La chose, le

POITEVIN.	LATIN.
qui commence après la *merienne.*	commencement du soir; par contraction, *ressi.*
RETINTON, s. m. — Un petit souvenir, un son, un léger tintouin.	RE TINNITUS. — Tintouin.
REVILER, v. a. — Prendre vie, renaître, vaincre une maladie, remuer au sein de la mère, couler de nouveau.	RE VELLICARE. — Secouer, exciter, réveiller.
RIBOULER, v. a. — Rouler un objet en rond, en boule.	RI, contractif de rouler; BULLA, boule.
RIBOUSSE ou RIBOULE, s. f. — C'est le renflement prononcé de la partie inférieure d'un bâton.	Même étymologie.
RINGER, v. n. — Ruminer. En ruminant, les bêtes à cornes remuent constamment les mâchoires comme un cheval qui ronge son frein.	RINGERE. — Ronger son frein.
RIORTE, s. f. — Jeune branche tordue.	RETORTA. — Tordue.
RIPE, s. f. — Petite rave des moissons.	RIPUM. — Id. ou *rapa.*
ROUMAIL, s. m. — Bruit que produit une respiration oppressée. Ce mot est un diminutif.	RUMOR. — Rumeur.

POITEVIN.	LATIN.
ROUMEILLER, v. n. — Ronfler en dormant.	
RUPIN, s. m.—Qui a le visage enluminé.	RUFUS. — Rouge de cheveux.
RUSSE, s. f. — Rouge-gorge.	RUSSEUS. — Rouge foncé.

S

SACTER, v. a. — Saccader, donner des secousses; se dit particulièrement des pulsations des artères et des coups lancinants.	L'Italien a *saccato*, coup sec, saccade. Dans la même langue, on trouve *scuotere*, secouer.
SAGOUILLER ou SACOUILLER, v. n. — Agiter l'eau.	SCUOTERE. — Secouer.
SANER, v. a. — Coudre une plaie.	SANARE. — Guérir.
SANGUIN, s. m.—Cornouiller.	CORNUS SANGUINEA. — Id.
SAPER, v. a. — Rapprocher les lèvres et les séparer avec bruit, ce que font les gourmands vulgaires quand ils ont mangé ou bu une bonne chose.	SAPIDUS. — Sapide.
SÈGE (la), s. f. — Moisson.	SEGES. — Terre ensemencée.

POITEVIN.	LATIN.
SEGER, v. a. — Moissonner.	SECARE.
SEGRE, v. a. — Suivre.	SEQUOR. — Id.
SÉQUENTS, s. a. p.—Plusieurs.	SECUS pour SEXUS (de tous sexes).
SERPOULER, v. a. — Ce mot s'applique à toutes les douleurs cuisantes causées par morsures et piqûres, la morsure du serpent étant considérée comme la plus grave.	SERPULA. — Serpent.
SICOT, s. m. — Hoquet. Le hoquet fait ouvrir la bouche.	HISCO, HISCERE. — S'ouvrir se fendre.
SICOTER, v. a. — Avoir le hoquet, être secoué par soubresaut comme par le hoquet.	
SIGRELER, v. a. — Produire un bruit aigre avec de la ferraille, avec une porte, ou une roue mal graissée.	GRILLARE. — Crier (en parlant du grillon).
SITEAU, s. m. — Six gerbes réunies.	SEXTUS. — Sixième.
SITELER, v. a. — Mettre à siteau.	

POITEVIN.	LATIN.
SOGUER, v. a. — Faire le pied de grue, attendre debout sur ses soques.	SOCCUS. — Soque.
SOTTILLE, s. f. — Ongle des animaux à pied fourchu qui leur sert à sauter sur les rochers comme font les chèvres.	SALTUS. — Saut.
SOUNOU, s. f. — Musicien.	SONARE. — Sonner.
SOURDÉ, loc. — Aller sourdé, c'est aller mal, être en mauvais état ; n'être pas sourdé indique un mieux, une meilleure condition. Le paysan, en montrant le meilleur mouton du troupeau, dit fièrement : *Thiau thi n'é ja sourdé.*	SORDIS. — La lie, le rebut de la ville.
SOURGEOIRE ou SURGEOIRE, s. f. — Corde servant à attacher ou à soulever.	
SOURGIR, v. a. — Soulever.	SURGERE. — Soulever.
SOURGE, adj. — Leste.	
SUBLER, v. a. — Siffler.	SIBILARE. — Id.
SUBLET, s. m. — Sifflet.	

POITEVIN.	LATIN.
SUMER, v. a. — Suinter, remouiller, laisser perdre son liquide, comme une mamelle trop pleine son lait.	SUMEN pour SUGMEN. — De *sugo*, sucer; *suminata*, tétine.
SYMMOIS, s. m. — Le commencement d'un tricot, d'un bas.	CYMATIUM. — Partie qui termine la corniche.

T

POITEVIN.	LATIN.
TALLE, s. f. — Nom du chataigner.	TALEA. — Branche.
TALLÉE, s. f. — Chataigneraie.	
TANTINET (un), loc. — Un moment, un peu.	TANTULUS. — Si court, si petit.
TERVE, adj. — Mince, de peu d'épaisseur.	TERO, IS, TRIVI. — Ecraser, piler, applatir.
TOURAT, s. m. — Grosse grive.	TURDA. — Id.
TOURIGE, s. f. — Herse qui sert à aplanir les riges en tournant sur le guéret.	TORNARE, tourner; REGIO, ligne droite, rige.
TRAJETER, v. a. — Faire un trajet, un sentier, laisser la trace de son passage.	TRAJECTARE. — Traverser.

POITEVIN.	LATIN.
TRAJOU (être à), loc. — Se tenir sur une ligne de démarcation afin d'empêcher deux troupeaux de se réunir.	TRAJECTUS. — Trajet.
TRELUIRE, s. a. — Reluire. On dit aussi *treluser*.	RELUCERE. — Id.
TRICOISER ou TIERCOISER, v. a.—Tergiverser, se montrer de mauvais arrangement.	TRICOR. — Chercher des détours, chicaner, quereller, trigauder.
TRIBOUIL, s. m. — Occupations nombreuses.	TRIBULATIO. — Tribulation.
TRIGEASSE ou TRAGEASSE, s. f. — Pie-grièche ou pie de trois couleurs.	TRI pour TER; AGASIA (mot de basse latinité). — *Agasse* est le nom populaire de la pie.
TUREAU, s. m. — Tas de terre, petite élévation du sol.	TORI PULVINORUM. — Partie élevée d'un terrain.

V

VANNE. — Mou, lâche, etc.	VANESCERE. — Être vain, inutile.
VASSER, v. a. — Lasser, fatiguer.	VACIVUS. — Privé, dépourvu.

POITEVIN.	LATIN.
VASSÉ, adj. — Las, fatigué.	VACIVUS VIRIUM. — Faible, dépourvu de force, dit l'auteur latin.
VASSIVE, adj. — Ce mot se dit pour une poulinière vide, qui n'est pas dans un moment de production.	VACIVUM TEMPUS LABORIS. — non occupé, moments de loisirs.
VERDELLE, VREDELLE, s. f.— Petite verge, baguette flexible, tige *verdelette*.	VERIDITAS. — Couleur verte. Ce mot vient peut-être du verbe français *vreder*. (V. ce mot.)
VERIMER, v. a. — Rendre du pus, une matière corrompue appelée *verin*.	VIRUS. — Venin.
VERTAÜPE, s. f. — Furoncle, tumeur purulente.	VIRUS, venin; TAUPE, tumeur.
VERTIR, v. a. — Suffire, fournir.	VERTERE. — Faire sa révolution, arriver à point.
VEUILLON ou VISON, s. m. — Pupille.	VISSUALIA. — L'organe visuel.
VEZAGUE, adj. — chose sans plus de consistance qu'une vèze ou une vessie.	VESICA. — Vessie.
VÈZE, s. f. — Cornemuse.	Peut-être le mot *vèze* n'a-t-il pas d'autre origine.
VEZICLER. — Ne rien faire de bon.	Même source.

POITEVIN.	LATIN.
VINVALER, v. a. — Courir monts et vallées.	VINEA VALLIS. — Du vignoble à la prairie.
VISANT, s. m. — Orient, exposition.	VISIO. — Action de voir.
VISAUBER, v. a. — Regarder de tous côtés.	VISABUNDUS. — Facile à voir.
VISCARIER, v. a. — Rendre mal sain.	VITIUM, vice ; CARIES, carie.
VRESSAINE ou VERSAINE, s. f. — Ce mot indique la longueur des champs qui occupent le même versant.	VERSURA. — Extrémité du sillon, endroit où les bœufs tournent pour en commencer un autre.

Les Poitevins étant passé, dans le XIIe siècle, sous la domination anglaise par suite du mariage de leur souveraine, Aliénor d'Aquitaine, avec le duc de Normandie, plus tard roi de la Grande-Bretagne, le Poitou compta parmi ses seigneurs un grand nombre d'Anglais.

Ces seigneurs introduisirent naturellement dans ce pays plusieurs de leurs hommes d'armes et leurs serviteurs. Ces hommes nouveaux se mêlèrent à la population locale, lui transmirent quelques usages et certaines expressions très usuelles d'une prononciation facile.

Ces expressions, très populaires, se rattachent particulièrement aux objets chers aux agriculteurs, aux animaux, aux instruments, aux fruits, et aux usages domestiques. Nous voyons, par quelques-unes, que depuis les temps les plus reculés, on *ripe* les feuilles, on *sane* les plaies, on *challonge* en justice, et que les poules *grouent*.

Nous trouvons aussi de faibles traces de la prononciation anglaise dans le patois poitevin. Cette prononciation est particulièrement sensible dans les mots *vider* et *truffe*. L'anglais et le poitevin disent *void*, *troufl*. Le nom de *troufle* a été donné, par nos paysans qui ne voient jamais de truffes, aux pommes de terre. Comme en Angleterre, on dit également *houre* pour heure ; *où*, adverbe de lieu, se prononce en patois *voure* ; en anglais on écrit *where*, on prononce *houère* ; le poitevin dit aussi *oure*, la similitude est évidente.

Il serait facile d'indiquer plusieurs rapprochements aussi heureux que ceux-ci entre les deux idiomes ; mais leur surabondance ne démontrerait rien de plus que les mots suivants.

GLOSSAIRE POITEVIN-ANGLAIS

A

ABÉGUER, v. n. — Mettre bas; par extension, ébouler, écrouler, tomber en bottes. *To beget*, engendrer.

ACCLANER, v. a. — Accabler, être dans un état maladif. *Sickliness*, mauvaise santé.

AMBLÈSE, s. f. — Salamandre. Ce nom n'est point anglais, et si nous croyons y trouver son radical, c'est à cause des lignes jaunes qui parcourent le corps de ce reptile et que nous explique le mot anglais suivant.

AMBLET, s. m. — Anneau de cuir tortillé servant à atteler les bœufs. *A'mbit*, ligne qui entoure une chose, circonférence. Une étymologie a été donnée du latin dans le petit glossaire poitevin, on peut aussi proposer *ambio*, *ire*, aller à l'entour, faire le tour.

AVÈRE, adj. — Fruit dur à ouvrir. *Aversely*, malgré soi, à contre cœur. On dit une vache *avère* quand elle donne mal son lait, que le pis est dur.

B

Bac, s. m. — Evier. La place d'un évier doit être et est souvent derrière la maison, au dos du mur ; peut-être trouvons-nous cette signification dans *back*, l'endroit qui est derrière, derrière, dos.

Bauler, v. n. — Se dit des chiens qui hurlent. *To bawl*, jeter des cris perçants, clabauder, brailler.

Beguette, s. f. — Brebris propre à produire. *To beget*, engendrer.

Bouter, v. a. — Fouiller la terre. *To butt*. Id.

Bouzineries, s. f. p. — Bagatelles. *Buziness*. Id.

Bringuer, v. a. — Sauter, courir. L'anglais appelle un porteur de bonnes nouvelles *bringer* ; on sait que ces gens-là marchent vite. En français, *bringue* signifie petit cheval mal fait.

C

Chaffrais, s. m.—Bruit, tapage. *To chafe* se mettre en colère.

Challonger, v. a. — Ce mot se trouve dans l'histoire des ducs d'Aquitaine, par Besly, et signifie répéter, *vendiquer* un héritage; le patois en a fait le synonyme de *lanterner*, prolonger. Chez nos voisins d'Outre-Manche, cela veut dire réclamer, demander, s'attribuer, et s'écrit *to challenge*.

Chauvenir, v. a. — Se couvrir de moisissure, en parlant du pain, ce qui a lieu chaque fois que le pain a vieilli.

Chauveni, s. — Moisi. On a souvent essayé de donner une étymologie à ce mot; nous n'en n'avons trouvé aucune satisfaisante. Nous offrons celle-ci: *Shive*, tranche de pain; *niggard*, avare, pain d'avare. Le mot *shive* se prononce *chaïve*, et l'on sait que les paysans pauvres laissent vieillir le pain par économie.

Choppe, adj. — Blet, par extension sans consistance.

Chopsir, v. a. — Devenir blet, tourner en eau. *To set one's chops watering*, faire venir l'eau à la bouche. Un fruit blet se fendille, se crevasse et *choppy*, signifie plein de gerçures.

D

Drediller, v. a. — Trembler de froid. *Dread*, effroi. Peut-être n'est-ce qu'une onomatopée; généralement les gens qui ont froid disent *dre*, *dre*, *dre*.

E

Essurber, v. a. — Harasser, rendre stupéfait. *To surbate*, excès de fatigue.

F

Foupi, adj. — Chiffonné, qui a ses vêtements fripés.

Foupir, v. a. — Chiffonner, manier rudement des choses fragiles, délicates, mais flexibles. Pour exprimer une élégance affectée ; l'anglais dit *foppishness.*

G

Gaber (se), v. p. — Se moquer, railler. *To gibe*, tourner en ridicule.

Gioler, v. a. — Pousser des cris faibles, se dit d'un chien qui se lamente. Tinter, résonner se rend par *to gingle.*

Gosser, v. a. — Conter des bourdes. *To gossip*, causer, jaser, babiller.

Grette, s. f. — Parcelle ligneuse, débris de chanvre. *Grit*, chose moulue ou broyée grossièrement, recoupe, gruau d'avoine etc.

Grouer, v. n. — Se dit des poules qui groupent leurs poussins sur la terre. *To ground*, asseoir, poser à terre.

Guibole, s. f. — Nom plaisant de la jambe. *Gambol*, gambade. C'est toujours le radical *gam*, jambe.

J

JAUMUCHER, v. n. — Combler un vase, le trop remplir. Ce mot *hybride* vient du français *haut* que le patois prononce *jaut*, et de l'anglais *much*, beaucoup de.

JAITIR ou JÉTIR, v. a. — Être tourmenté. *Jester*, railleur.

JAVASSER, v. n. — Babiller, jouer de la langue. *Jaw*, bouche, mâchoire.

L

LANDON, s. m. — Lisières. *Leading-strings*, lisières d'enfant à la bavette.

MAIGUE, s. f. — Petit lait, lait doux. *Meek*, doux, on prononce *mike*.

MAQUILLER, v. a. — Manigancer, embrouiller. *Makebate*, brouillon.

MELER, v. n. — Faire sécher les fruits au four, ou au soleil. *To Mellow*, murir.

MELOIR, s. m. — Claie servant à faire meler.

MIOCHE, s. m. — Tas de fagots. *Mow*, meule.

Moée ou Mouée, s. f. — Amas. *Mow*, meule.

Mourner, s. m. — Mugir, le mugissement ressemble à une lamentation. *Mourning*, lamentation.

N

Nappi, adj. — Très-mouillé. *Nappy*, écumeux, fumeux. L'écume et la fumée sortent des vêtements mouillés.

Nigeasson, adj. — Tatillon, méticuleux. *Niggard*, mesquin.

Nigeasser, v. n. — S'occuper à des riens.

P

Parure, s. f. — Peau qu'on enlève aux fruits avec le couteau. *Paring*, pelure, écorce, rognure.

Poc, s. m. — Trou. *Pock*, grain de petite vérole.

Poque, s. f. — Jeu de billes qui consiste entre adversaires à défendre les approches d'un trou. *Poket*, poche.

Poquer, v. a. — Frapper une bille sur l'autre; par extension, se heurter.

R

Ragage, s. f. — Désordre, pillage, casse, bris. *Rag*, guenille. lambeau.

Ramale, s. f. — Mauvais étalon. *Ram*, bélier; *half*, à demi.

Randon, s. m. — Aller d'un *randon*, c'est aller follement, comme à l'aventure. *At random*, inconsidérément.

Raquin, adj. — Déhanché, qui a un tour de reins, éclopé. *Rack*, torture. En espagnol *ranguear*, boiter.

Ravaud, s. m. — Rut des animaux. *To rave*, aimer à la fureur.

Rebiner, v. a. — Regimber. *To repine*, murmurer.

Remembrer (se), v. p. — Se souvenir. *To remember*, se rappeler.

Riot, s. m. — Petit repas joyeux. *To riot*, faire la débauche.

Riper, v. n. — Détacher les feuilles des branches. *To rip*, déchirer, tirer, arracher.

Ripe, s. f. — Lanière faite par un rabot ou une verlope. *To rip*. Peut-être ce mot vient-il de *glisser*, qui se rend par *riper*. (V. le breton).

Raque ou **Rique**, s. f. — Rosse, bête sans valeur. *Rickety*, rachitique. *Ringue*, rouge-gorge.

Riquet, s. m. — De petite taille. *Rickets*, être noué. *Ringueni*, un tout petit enfant.

S

Saner, v. a. — Réparer une déchirure; un passet se nomme *sani*; coudre un plaie, la castration des truies se nomme *sanure*. *Sanation*, cure, guérison; *sanable*, guérissable.

Saligalé, s. m. — Sorte de galette. *Saligot*, chataigne d'eau; on en fait du pain dans le Limousin.

Sibot, s. m. — Bridon. *Shy*, prudent, qui est sur ses gardes ; *bit*, mors, frein. Le sibot est une bride de prévoyance.

Sibrer ou **Soubrer**, v. a. — Déchirer, mettre en pièces. *To shiver*, briser, rompre. C'est le *b* pour le *v*. Nous devons observer que *sibrer* s'applique aux choses molles qui déchirent, et *shiver* aux corps durs.

Sorlier, v. n. — Muser, flaner, écouter. *Sorrily* chétivement, pitoyablement.

Sorlion, adj. — Propre à rien. *Sorriness*, état méprisable.

Sougnard ou **Seugnard**, adj. — Qui agit sournoisement, qui se tient isolé, dans l'ombre. *S'ourness*, humeur chagrine et rechignée.

Sougner ou **Seugner**, v. a. — Paraître confus, baisser timidement le front.

Sourge, v. n. — Léger, élastique, souple. *To surge*, s'élever. (V. le latin.)

Super, v. a. — Sucer, humer. *Sup*, gorgée de liqueur.

T

Timbre, s. m. — Cuve, cuvier, baquet. *Tub*. Id. On prononce *teub*. Ces grandes cuves plates de pierres ou de bois se trouvent surtout dans les fermes ; *ferme* se dit *berton* ; peut-être a-t-on fait jadis *teuberton*, puis *timbert*, puis *timbre*.

Triffler (se), v. p. — S'habiller avec soin. *To trifle*, s'amuser à des riens. Il y a aussi *thry' fatlow*, donner une troisième façon à la terre.

TROLLE, s. m. — Sangle propre à soulever les gros animaux.

TROLLER, s. m. — Soulever un animal avec des *trolles* ; à cet effet on passe les sangles sur des bois ronds ou des poulies fixées au plafond, puis on hisse. *To trol*, mouvoir circulairement. En français on trouve *troller*, faire une *clisse* ; peut-être notre verbe est-il le même,

TROUFFLE, s. f. — Pomme de terre. *Truffle*, on prononce *trou'-fle*, truffe.

TRUTTE, s. f. — Tube, conduit d'eau de faible longueur, tuyau. *Trunk*, tuyau de bois pour l'écoulement des eaux, sarbacane.

V

VANNE, adj. — Faible, fatigué. *Wanness*, pâleur, évanouissement.

VANNER, v. a. — Fatiguer, lasser, accabler. *To wane*, décliner, déchoir, diminuer, décroître. Ce mot se trouve dans tous les idiomes où s'est recruté le poitevin.

VOIDER, v. a. — Vider, désemplir. *To void*. Id.

Les mots *trouffle* et *voider* ne sont donnés que pour la prononciation.

Après avoir, dans trois langues, retrouvé les origines du patois poitevin, il nous reste à indiquer les mots provenant du français. Incontestablement la plupart de ces mots sont tirés du latin, mais nous établissons cette distinction avec ceux déjà indiqués, qu'ils sont plus modernes et alors nés directement du français. Dans ce dernier glossaire, nous trouverons quelques termes nautiques; mais comme nous sommes au sein des terres, en quittant le littoral, ces mots se sont un peu modifiés et se sont appliqués, tout en conservant leur signification, aux choses les plus étrangères à la marine. Ces mots sont d'un emploi fréquent et très ancien sans doute, car depuis les temps les plus reculés la navigation fut une gloire du Poitou.

Voici ce que nous lisons dans un ouvrage estimé :

« Marine considérable (Saintonge, Poitou, Armorique); vaisseaux de haut bord, fortes mâtures, voiles de peaux, supérieures aux galères romaines, suivant César. »

(*De Bello Gall.*, t. III, p. 8, 9, 11.)

Cette citation nous ramenant à notre point de départ, à l'étude des Pictes, qu'on nous permette, afin de corroborer nos premières assertions au sujet du logement et de l'industrie, la reproduction de quelques lignes tirées de *La Bretagne*, par L.-F. Jéhan :

« Maisons rondes, deux par deux, l'une l'habitation, l'autre la grange, faites de planches et de torchis, souvent recouvertes de plâtre. Meubles en bois travaillés avec soin, tapis à fleurs, matelas, lits de plumes. »

Ainsi ces hauts lits, sur lesquels on monte comme à l'assaut, datent du temps des Gaulois.

Puisque dans cet ouvrage il s'agit de marier l'histoire et la langue, qu'on nous permette encore cette citation tirée du même auteur : « Ce qui est resté du culte des esprits existe encore en partie dans les superstitions des Bretons, ou plutôt de toutes les nations celto-germaines. Les Armoricains ont les *Corrigued*, *Corrigans*, *Gerrionets*, *Boudigued*, *Boudiquets*, *Poulpiquets*, *Poulpiquans*, etc., esprits des airs, des eaux, de terre et des bois, apparaissant sous forme de nains qui se retirent dans les cavernes ou dans le creux des rochers, et dansent la nuit au clair de la lune autour des pierres consacrées. On les retrouve chez tous les peuples anciens et modernes de l'Europe, mais sous des noms divers et avec quelque différence dans les rôles et les attributions (1). »

De ces superstitions, les Poitevins n'ont gardé que le mot *boudiguet*, qu'ils prononcent *boudinguet*, et auquel ils donnent la signification de personnage de petite taille, de petit garçon ou de nain.

Le peuple qui fait volontiers de l'étymologie à sa façon, ce qui le conduit à défigurer ou à mal prononcer les mots anciens, appelle une vessie, pleine de sang ou de graisse, une *boudingue*,

(1) M. l'abbé Mouillard.

mot qui vient de *boudin;* il appelle aussi *boudin* un *bedon* ; de là à croire que *boudinguet* était de la même origine, il n'y avait qu'un pas. On ne saurait trop se défier de la prononciation locale, nous avons été souvent induit en erreur par elle.

Parmi les mots fournis par le français, il en est de complètement méconnaissables par le seul fait du déplacement ou du changement d'une lettre, ces mots sont surtout nombreux où se rencontrent le *b* et le *v*.

Beaucoup de vieux verbes français, tombés en desuétude, ont été conservés par le patois, nous ne les donnerons point, puisqu'ils peuvent se retrouver dans les vieux glossaires étymologiques, et que les grands dictionnaires, tel que celui de M. Pierre Larousse, les reproduisent.

Nous aurions pu également fournir une longue liste des mots relevés dans les œuvres de Rabelais de source poitevine, mais ces mots se trouvant à peu près tous répartis dans nos divers glossaires, nous avons dû éviter un double emploi ; puis une brochure qui les contient existe depuis longtemps.

Peut-être reproduirons-nous certaines expressions déjà connues par un ou même deux glossaires, qu'on ne nous fasse point un reproche de cette surabondance, car elle a pour but d'apporter plus de lumière à cette étude, et de permettre une préférence au lecteur.

Dans les divers glossaires, nous donnons çà et là des verbes sans les faire accompagner des substantifs et des adjectifs qui peuvent en découler, notre façon d'agir est toute naturelle, puisque nous avons pour but principal d'indiquer l'étymologie.

Enfin, nous écrivons nos expressions sans terminaison patoise, ce qui les rapproche davantage des origines, ce qui les fait mieux comprendre et les rend plus agréables à la lecture. Néanmoins si cela pouvait paraître un inconvénient, il serait aisé d'y obvier en se reportant au chapitre de la prononciation.

GLOSSAIRE POITEVIN-FRANÇAIS

A

Abouldrouner, v. a. — Prendre une forme ronde, une apparence de boule.

Abourder, v. a. — Etayer. Vient de *lambourde*.

Aburer, v. n. — Verser le contenu liquide d'un vase, d'une burette, d'une buire.

Aburingue, s. f. — C'est le substantif d'*aburer*.

Acacher, v. a. — Appuyer. Vieux verbe.

Accourser (s'), v. p. — Se faire des pratiques, avoir une *bonne accourserie*, c'est-à-dire voir accourir les chalands.

Accueillage, s. m. — Lieu où l'on accueille les domestiques.

Accueillir, v. a. — Gager un domestique, lui faire accueil.

Acreries, s. f. p. — Objets de rebut. **Aqueries**, vieux filets.

Adoub, s. m. — Graisse de cuisine.

ADOUBER, v. a. — Assaisonner la cuisine, raccommoder une chose, la mettre en bon état. Vient de *radouber*, terme nautique.

ADOUNER (s'), v. p. — S'accoutumer, se donner à un lieu, à une chose.

ADRÈGER, v. a. — Agir adroitement, mettre quelqu'un en bon chemin. (V. *règer*.)

AFFARAIL, s. m. — Troupe confuse. *Affare*, en Dauphiné, signifiait toutes les dépendances d'un fief.

AFFILOCHER (s'), s'amincir comme un fil.

AFFOLER (s'), v. p. — Avorter. On disait autrefois *affolure* pour blessure.

AFFRANCHIR, v. n. — Castrer, affranchir les mâles des parties sexuelles.

AGAFFER, v. a. — Saisir avidement, gaffer.

AGOLER, v. n. — Aplanir, régaler.

AGOLI, s. m. — Lieu aplani.

AGOUCER, v. n. — Agacer un tranchant.

AGAULER, v. n. — Elaguer.

AGOROUNER, v. n. — Profiter du ventre comme les gorets.

AGRATOUNER (s), v. p. — Se grippeler comme les fruits du grateron.

AIGLANDER ou AIGUILLANDER, v. n. — Casser une branche de façon à laisser la cassure pleine d'aiguillons.

AYRAULT, s. m. — Petite cour, petite aire.

AISIR, v. a. — Donner de l'aisance, de la facilité.

Allier, s. m. — Peuplier, vient de *hallier*.

Alloiri, adj. — Engourdi comme un loir.

Alloger, v. n. — Passer de logis en logis comme les boulangers.

Amaron, adj. — Amer.

Amelotte, s. f. — Petit amas.

Amoniance, s. f. — Ce qui provient d'aumône, abondant.

Andarse, s. f. — Dartre. *Anders* est français.

Angroise, s. f. — Lézard gris. Les Limousins disent *angrizole*.

Anneu, s. m. — Ce qui gêne, ennuie, obstacle.

Apirail, s. m. — Respiration. On dit *apirer*, aspirer.

Appliacer, v. a. — Taquiner, faire pièce à quelqu'un.

Aramir, v. a. — Conduire avec un rameau. Agir par la force.

Araper, v. a. — Atteindre, c'est le contraire de *déraper*, terme nautique.

Arre (en). — Arrière.

Arrebuchat (aller à l'), loc. — Aller à rebours. Vient de *arre*, arrière, et de *buchette*. Les bergers jouent un jeu qui a trait à ces deux expressions.

Arratir, v. n. — Ronger comme les rats.

Arrimer, v. a. — Mettre d'accord. Terme nautique.

Artiffaille, s. f. — Ajustement. Vient d'*attiffer*.

Attrinquer, v. a. — Reconforter, réparer. Vient de *trinquer*.

Attrocher, v. n. — Mettre en troches.

Augère, s. f. — Grosse noix dont les coquilles forment des *augets*.

Auve, s. f. — Auge, lame de roue de moulin.

Aveindre, v. a. — Atteindre. Se trouve dans plusieurs patois.

Avirer, v. a. — Faire virer le bétail du dommage.

B

Badigoulés, Rabelais dit *badigoinces*.—C'est la partie inférieure du visage, lèvres, mâchoires, etc. Vient de *bader* et de *goule*. Par extension on a fait *bagouiller*, bavarder, et *bagoue*, qu'on dit venir aussi de *bas* et *geule*.

Bagauder ou Bogueder, v. n. — Quand les fruits à *bogues* sont mûrs, celles-ci s'entr'ouvrent.

Bagoulier. — Vient de *Bagonisier*, vieux mot, gosier.

Baler, v. n. — Surnager, danser sur l'eau, danser dans ses habits. Le français a *baller*, danser.

Baniole, s. f. — Grand panier. Vient de *banne*.

Basir, v. n. — Disparaître comme une vase, *base*.

Bassiot, s. m. — Baillotte. Diminutif de *basse* pour *bâille*, dont *bassée*, auge en pierre, est encore le diminutif.

Bassir, v. a. — Creuser, baisser. Rad. de *baissière*, basseur.

Bassotter, v. n. — Se dit du linge mal teint ou mal lavé, dans un *bassiot*. *Bassotin*, cuve de teinturier.

Batlager, v. n. — Délirer, tergiverser. Le français a *batteler*, dire des choses inutiles.

BAUDELLE, s. f. — Belle flamme qui réjouit, ébaudit.

BAUGER, v. a. — Jauger, *b* pour *j*.

BAZANNE, s. f. — C'est la peau de l'estomac.

BECOT, s. m. — Tout ce qui a forme de bec.

BEDE, BEDOT ou VEDA, s. — Jeune veau ou *vêle*, c'est ce dernier mot défiguré et le *b* pour le *v*.

BEDOCHE ou BINOCHE, s. f. — Houe servant à biner, bêche.

BEGUETER, v. n. — Crier comme chèvre et brebis, vieux mot.

BENASSE, s. f. — Petit bien, nom d'une charrue en Tourraine.

BERLAUDE, s. f. — Brebis maigre, dure, vieux mot. (V. *brele*.)

BETIN, s. m. — Décombres, terreau en butte.

BEUILLE (prendre de), loc. — Se dit d'une bouture sans racines qui n'est alors qu'une petite branche, une bille.

BEUILLEAUD, s. m. — Champ encore couvert de son chaume sec.

BEUILLER, v. n. — Couper le chaume très-haut, ce chaume prend alors le nom de *bille*, en patois *beuillat*.

BEURGNE, s. f. — Bosse au front, bosse au chapeau, etc. Le français a *bigne*, bosse au front. Mot celtique.

BIAUGER, v. n. — Grouiller. Se dit des animaux. (Vient de *bauge*).

BIAULE ou BIAUDE, s. f. — Blouse. Vieux mot.

BIBIER, v. n. — Troubler la vue. Ce mot, croyons-nous, vient du latin *bibio*, moucheron. Quand on est *bibié*, il semble voir voltiger des mouches. M. l'abbé Rousseau écrit *bibler* et croit que la *bible* n'est pas étrangère à la formation de ce mot.

BIDROUILLE, s, f. — Mauvais vin. Vient de *bidon.*

BIGACER, v. n. — Commercer sur les animaux sans valeur, particulièrement sur les chèvres, *biques.*

BIGNOLON, s. m.—Sorte de coiffe. Vient de *Bagnolet,* vieux mot.

BIGUENAIL, s. m.—Fourrage vert pour les brebis et les biques.

BIGUENAILLER, v. n. — S'amuser à des riens, faire un petit négoce. (Radical, *bique.*)

BIREUIL, adj.—Louche, qui tourne l'œil. (V. *birouner.*)

BIROUGNE, s. f. — Vrille. Vient de *birouner,* le *b* pour le *v.*

BLÉ CHAPÉ ou CHAPERON. — Blé en glume.

BORDE, s. f. — Arrête de poisson, barbe de céréale. Vient de *bordure.*

BOUBE, s.—Bombé. Vient de *bulbe,* renflement.

BOUBELIN, adj.—Bouffi.

BOUDINGUE, s. f.—Vessie, gros boudin.

BOUHELLE, s. f.—Petite houe, houelle.

BOULOTON, s. m.—Objet en forme de boule.

BOUQUELION, s. m. — Panier dont l'entrée est étroite. Le français a *bouque,* passage étroit.

BOURAILLÉ, adj —Mal peigné, travail mal fait, comme *ébourré.*

BOURBE, s. f. — Grosseur, tumeur. Le français a *bourbillon.*

BOURDER, v. a.—Heurter. *Behourt* signifiait lance, vieux mot.

Bourgner, v. a. — Frapper à petits coups, donner des bourrades.

Bourolle, s. f. — Vessie.

Bourollon, s. m. — Masse arrondie et bourrée.

Bousine ou **Bouine**, s. f. — Mouche de bouse.

Brage, s. m. — Piquette. Abréviatif de *béorage*, vieux mot.

Bréchet (faire), loc. — Récolter deux fois. (V. *brécher*.)

Bredasse, s. f. — Femme tracassière.

Bredasse, s. f. — Recevoir une chasse, s'en aller avec rien. Peut-être le mot *bredouille* en vient-il.

Bredasser, v. n. — S'occuper à des riens. Vient de *vreder*, aller et venir sans objet, et le *b* pour *v*.

Bredasson, adj. — Qui se mêle de tout.

Bredoquer ou **Breloquer**, v. n. — Entrechoquer comme le font des breloques. Berloque est français.

Bregeole, s. f. — Bête qui est depuis longtemps à la bergerie.

Bregosse ou **Brecosse**, s. f. — Vieille femme caduque. C'est un terme de mépris. On dit aussi vieille cosse, vieille chouette. La syllabe *bre* exprime le dégoût, *cosse* vient du latin *scops*, chouette.

Nous devons faire observer que les anciens étymologistes font peu de différence dans la prononciation des lettres *c*, *g*, *k*, *q*.

Brele, adj. — Creusé par un ver.

Brelaud, s. m. — Petit ver. Vient de *verlaut*, le *b* pour le *v*.

Brelaudé, p. — Véreux. *Ber* et *bre* sont semblables.

Brelière, s. f. — Anse. C'est *vrelière*, vient de *vrille*. Les anses étaient autrefois, et sont souvent encore, contournées.

Brelinage, s. m. — Bélinage. On dit aussi *brelin* pour *bélin*.

Breliner, v. a. — Diminutif de branler. Ce mot a donné *brelinettte* ou *brelingue*, sonnette.

Brellander, v. n. — Propager un bruit. Les *brelandiniers* sont des marchands des rues qui crient aux passants.

Brenasson, s. m. — Bluet. Vient de *barbeau*, *barbasson*.

Bringuer, v. n. — Sauter. Le français a *bringue*, petit cheval.

Buchailler, v. n. — Ramasser des buchettes.

Buffé, p. — Creux. (V. *buffer*.) (Latin.)

C

Cademandale (battre la). — Courir çà et là comme les jeunes chiens qui flairent tous les objets et paraissent *quémander*.

Cagnon, s. m. — Gros morceau de pain. Le français a *quignon*.

Carre, s. f. — C'est le lieu où l'on fait carrer les chevaux.

Carribot, s. m. — Petit carré de terre.

Cendrille, s. f. — Mésange cendrée. *Cendrillette*, piège.

Cendrillette (faire la). — Se suspendre comme la cendrille.

Cenelle, s. f. — Dans quelques dictionnaires on trouve fruit du houx, fruit de l'épine blanche, vieux mot.

Chaffre, s. f. — Drupe de la noix, on s'en sert pour *chafourer* les meubles grossiers.

Chambarder, v. a. — Détruire, casser, rompre. Vient d'un nom propre.

Champayer, v. n. — Faire paître. Vient de champeaux, prés.

Chintre, s. f. — Ceintre gazonné d'un champ.

Chaplure, s. f. — Pain émiétté pour la cuisine ; *chaple*, gros sable. Ce mot est français.

Chaume, s. f. — Terre au repos, terrain vague.

Chebresailler, v. n. — Remuer les paupières et les cils comme les *chèbres*, chèvres.

Chebrie, s. f. — Sifflet d'écorce imitant le cri du chevreau.

Chenu, adj. — Cossu. Vient de chêne, le plus beau des arbres.

Chiffres ou **Chiffrailles**. — Débris de construction. *Echiffre*, mur rampant, qui sert de base à un escalier.

Chut, adv. — Absence de bruit, par extension, absence d'une chose quelconque.

Cince, s. f. — Perche munie de guenilles ; *cincenelle*, cordage.

Clliéré, s. m. — Porte cuiller, petit meuble de la campagne.

Cocue, s. f. — Ciguë, c'est le même nom avec le *c* pour le *g* que dans le latin.

Cocher, v. a. — Faire une entaille ; *coche*, entaille.

COLER, v. n. — Glisser un balais plat sur le blé jeté au vent, c'est *couler*.

COLIS, s. m. p. — Débris et balles entraînés par le balais.

COLOUR, s. m. — Balais plat. Ce mot indique aussi celui qui coule le balais.

COQUELUCHE, s. f. — Sommet; *coqueluchon*, capuchon.

CORMER, v. n. — Laisser des terres se préparer par le temps, comme on laisse une *corme* devenir *blette*.

CORNER ou CORGNER, v. n. — Loucher, regarder les angles de l'œil.

COUGNER, v. a. — Mettre dans un coin, dans une encoignure.

COTI, adj.—Mal portant, fruit piqué; *cotir*, meurtrir, en parlant des fruits. (V. *Napoléon Landais.)*

COUISSE, s. f. — Panier pour faire couver; ce dernier se dit *couer*.

COURETTE, s. f. — Trace qui court sur la peau.

COUSSOTTE, s. f. — Godet, queue, sotte.

CRAQUELLE, s. f. — Crâne. La boîte osseuse de la tête est d'aspect *craquelé*.

CRIGNOLET, s. m. — Cornouiller.

CROLINER, v. n. — Diminutif de *crouler*.

CRU, s. m. — Creux.

CRUGEOTI, s. m. — Plusieurs petits trous, jour de broderie.

CUERGEON, s. m. — Lanière, cuir étroit.

D

Dadire, adj. — Absent. Vient du verbe *adirer*.

Daiche, s. f. — Panier plat et carré pour mettre des coiffes. Panier en forme de bateau plat. (V. *quaiche*.)

Dale, s. m. — Conduit d'eau. *Dalon*, gouttière.

Débouler, v. n. — Fuir. Dans *Brantôme*, on trouve *débollezze*, départ.

Décampe, s. f. — Allure, démarche. Vient de *décamper*.

Décroler, v. n. — Ecrouler.

Défrougne, s. f. — Défroque.

Défrougner (se), v. p. — Se gratter, se remuer, s'agiter dans sa défroque.

Dégouailler, v. a. — Dégoiser.

Dégousser, v. v. — Ecosser. On donne aussi à ce mot la signification de dépenser. Rabelais dit *esgousser*. Ce mot vient de *gousse* dans le premier cas, et peut-être de *gousset* dans le second.

Déjaboter, v. n. — Ouvrir les vêtements sur la poitrine, dire ce qu'on a sur le cœur.

Déjoubrer, v. a. — Débarbouiller, laver, nettoyer ce qui est couvert d'un jus quelconque. Rad. *jus*.

Deleiner (se), v. p. — Se plaindre, se tourmenter, se mettre hors d'haleine.

Dépelouner, v. a. — Oter les bogues des chataignes appelées *pelons*.

Désatempser, v. a. — Prendre, agir, cueillir, avant le temps.

Déserer (se), v. p. — Aller comme un insensé, avoir perdu son *erre*.

Désouant, loc. abréviative. — Dès avant.

Devoiter (se), v. p. — Se dit des femelles qui ne produisent plus, qui se dévêtissent, se dessaisissent d'un bien.

Dindaine, s. f. — Festin, régal fait aux dépens d'autrui. Vient de *dindon*.

Dreliner, v. n. — Sonner. Imitatif.

Durou, s. m. — Chicorée des champs à tige dure.

E

Eberloquer, v. a. — Interloquer.

Ebloquer, v. a. — Ecraser subitement. Vient de *bloquer*.

Ebouzacler ou **Ebouzicler**, v. n. — Détruire un bouzillage.

Echardril, s. m. — Chardonneret. Vient d'*écharde*, piquant de chardon.

Ecouail, **Ecouiller**. — (V. le mot *quoaille*.

Ecouerat, s. m. — Bois vendu en pointe comme une *couère*. (Espèce de verrou tenu par un cuir.)

ECRABOUILLER, v. a. — Ecraser et ébouler. On *écrabouille* les cendres pour dresser le feu. Vient de *grabouillage*.

ECRAPOUTIR, v. a. — Ecraser comme un crapeau.

EDOUVER, v. n. — Amincir comme une *douve*.

ELIPPER ou S'ENIPPER (s'), v. p. — S'animer en parlant. Vient de *lippe*, lèvre.

EMBOBELINER, v. a. — Couvrir, entourer. *Bobelin*, ancienne chaussure du peuple.

EMBRETTURE, s. f. — Bifurcation. Vient de *bretture*, dentelure, l'*embretture* d'un arbre se trouve à la division des branches.

EMBREVER, v. a. — Mouiller; *Abreuver*, humecter.

EMBRIOLER, v. a. — (V. *envrillonner.*)

EMERLIAUDER, v. a. — Mettre en bonne humeur. On devait écrire *humeurliander*.

EMISSER, v. a. — Animer, exciter, rendre actif.

EMISSÉ, adj. — Actif, qui s'immisce. Le latin a *micare*, remuer, bondir, s'agiter, et *micidus*, mince, grêle.

EMOYER, v. n. — S'enquérir. C'est le vieux verbe *esmoyer*.

EMUDE, s. f. — Emeute.

EMUDER, v. a. — Donner de l'émoi.

ENCOINSON, s. m. — Angle labouré d'un champ. Le français a *écoinson*, pierre d'encoignure.

ENDURE, s. f. — Pâtis où l'on met les bestiaux pour les faire *endurer*, se calmer.

Engreline, s. f. — Longue lévite de toile, souvent misérable, déchiquetée. *Engrêlé* signifie dentelé tout autour.

Enguilbauder, v. a. — S'associer pour la danse, pour jouer des jambes, des guiboles. (V. l'anglais.)

Enraquer (s'), v. p. — Acheter une pauvre bête. (V. *raque*, anglais.)

Envrellouner ou Envrilonner, v. a. — Entortiller. Vient de *vrilles*.

Epaffer (s'), v. p. — S'essouffler, tomber *paff*. (Onomatopée.)

Epérailler, v. a. — Oter les pierrailles d'un champ.

Epiéter, v. a. — Avancer au travail, dépasser les autres. Le français a *épéter*, empiéter sur le chemin.

Epirailler (s'), v. p. — S'époumonner. (V. *pirot*.)

Epivarder, v. a. — Attaquer du bec et de la langue comme le pivert.

Epivarner ou s'Epiverner, v. p. — Se dit des oiseaux qui, en ébouriffant leurs plumes, les nettoyent avec le bec, les piquent aux premiers souffles du printemps. Ce mot vient de *pic* et de *vernus*, relatif au printemps.

Erauder, v. a. — Conduire les bœufs en chantant un air lent et sans parler.

Eréner, v. a. — Ereinter. Ce mot se trouve dans la satyre Ménippée et dans les vieux auteurs.

Essamer, v. a. — Répandre de l'odeur, ce mot s'applique surtout au plantes. Vient du latin *e* ou *ex*, venant de, sortant de ; *samara*, semence d'orme.

Etalancher (s'), v. p. — Tomber de son haut, s'étaler.

Eti (sentir l'). — Sentir le vieux, le renfermé, l'*étique*, ou l'*antique*, selon la prononciation locale.

Etiroler, v. a. — Diminutif du verbe *étirer*.

Etuvaillaud ou **Ecuvraillaud**, s. m. — Champ qui a porté une couvraille, une moisson.

Evredon, s. m. — Idée subite, fuite inattendue, action rapide. Vient de *vréder*.

F

Fenaillon, s. m. — Tout ce qui est fané, choses et visages.

Fenarder, v. n. — Se dit de l'herbe qui se coupe dans les moissons et les bois, qui fane sur pied.

Fiçonner, v. a. — Piquer. Se trouve dans Brantôme.

Fiale, s. f. — Tige herbacée. *Effioler* signifie ôter les fanes.

Filtoupier, s. m. — Qui prépare les étoupes pour être filées.

Fouassé, s. m. — Mauve sauvage, alcée des champs, folle-alcée.

Fougé, **Fougeail**, **Fouget**, s. m. — Foyer. Latin *focus*.

Fougerne, s. f. — Faux germe, fœtus.

Fouillard, s. m. — Branche feuillue.

Fournayer, v. a. — S'occuper de la cuisson du pain.

Freliner ou **Frelasser**, v. a. — Synonymes de *dreliner*, cependant *frelasser* comporte un bruit moins sonore.

Freter, v. a. — Frayer par le frottement. L'anglais a *to fret*, user en frottant.

Freti-Freta (s'en aller), loc. — C'est une onomatopée qui rend le bruit d'une marche rapide.

Fresois, s. f. — Orfraie.

Frigaler, v. a. — Courir la bonne chère. C'est *frugal*, peut-être, par antonymie. Le latin dit *frigere*, frire

Friouler, v. n. — C'est le bruit de la graisse ou de l'huile dans la poële, et de tous les corps incandescents dans l'eau. C'est mot à mot frire avec un liquide.

Fumeler, v. a. — Arracher çà et là les plantes les plus mûres d'un champ, trier, séparer, comme on sépare le chanvre mâle du chanvre femelle, *fumelle*.

Fumorger, v. n. — Oter le fumier d'une étable.

Furgeailler, v. n. — Diminutif de *fourgonner*.

G

Gabegie, s. f. — Tromperie. *Gabatine*, tromperie (1).

Gadrouiller, v. a. — Trépigner dans la fange, se couvrir d'eau sale. Le français a *gadoue*, matière fécale, et l'anglais a *to gad*, rôder, courir.

Galvauder, v. a. — Rapiner, maltraiter les moissons, les fruits.... *Gavauche*, désordre.

(1) Le dictionnaire de Napoléon Landais édition 1857, donne l'étymologie des expressions peu usitées et conservées par le patois, qui ne fait que les modifier légèrement.

Garciller, v. a. — Gaspiller, manger son argent, faire le garçon.

Gavanier, v. a. — Maltraiter une chose, détériorer, gâter un travail. *Gavache*, homme sans honneur. On dit aussi *gavacher* chez les ouvriers, qui appellent les apprentis *gavauds*.

Gibrena, s. m. — Mince personnage, faible gibier.

Gigougner, v. a. — Gigoter.

Giguenail ou **Gigenail**, s. m. — Estomac. Vient de *gésier*, qu'on prononce *gigier* ou *gigeail*.

Ginguette, s. f. — Vêtement qui couvre à peine les gigues. *ginguet*, *te*, trop court.

Giron, s. m. — Gouet, pied de veau. Vient de Gironde. Cette plante porte une sorte de girandole.

Godelle, s. f.—Longue dent qui fait *goder* les lèvres (V. *goder*.)

Goguenion, s. m. — Pâté de fruits. Vient de *gogue* (vieux mot), ventre. Le français a *gogo*, en prendre à son aise.

Gorouner, v. n. — Produire des gorets, *gorounée* ou *laitée*, petits gorets.

Gouffe, adj. — Tranchant épais. *Goffe* (Ital. *goffo*), grossier.

Gourbillon, s. m. — Un petit terrain, un corbillon.

Grelle ou **Greloir**, s. — Crible. *Grenoir*. Id.

Gresolle, s. f. — Groseille. Dans le Midi on dit *agrassole*.

Gribouil, s. m. — Grabuge. Dans la satyre Ménippée on trouve *garbouil*.

Gueiller ou **Œiller**, v. a. — Regarder fixement.

GUICHOIRE, s. f. — Clysoir.

GUIGNETTE, s. f. — Ratissoire qui n'a qu'un côté. *Guignier*, regarder de côté.

GULLE-GULLE (à la), loc. — On dit aussi à la *boulle-boulle*, cela signifie agir rapidement. Ces expressions viennent d'*aiguille*, qu'on pousse et tire.

GULLER, v. a. — Coudre, *aiguille* se prononce *agulle*.

H

HERPE, s. f. — Crible dont la forme rappelle celle d'une harpe.

HUISSE ou USSE, s. f. — Arcade sourcillière, sourcil. Peut-être de *huis*, *ostium*, porte.

HUISSET ou LUSSET, s. m. — Petite ouverture, *huis*.

HUPPET ou SUPPET, s. m. — Petite huppe, mèche de cheveux. On dit aussi *duppe*, *duppet* et *sumet*.

J

JABOT, s. m. — C'est l'estomac. Terme pris à l'ornithologie.

JACASSER, v. a. — Bavarder. (V. à l'anglais *javasser*).

JALON, s. m. — Jale, jatte.

JAPER ou JAPIR, v. a. — Ravauder, faire des jaspures par le raccommodage.

Jarnidié. — Juron qu'on peut rendre par je renie Dieu.

Jaut, adj. — Haut, élevé. Pour l'euphonie, l'*h* permute avec le *j*.

Jaucoue, s. f. — Houque élevée. Peut-être *queue de coq*.

Jaubrailler ou **Jabrailler**, v. a. — Brailler haut.

Jaumucher, v. a. — Hucher haut. (V. l'anglais.)

Jaupailler, v. a. — Couper, moissonner haut. (Vient de paille.)

Javaillon, s. m. — Epi plus court dans la moisson sur pied.

Javlon, s. m. — Javelle de sarment.

Javlonner ou **Jablonner**, v. a. — Faire des javlons ou des javelles.

Joncer, v. a. — Balayer. Vient de *jonc* à balais.

Joubrer, v. a. — Barbouiller d'un jus quelconque.

Joutte, s. f. — Poirée. Vient de juteux.

Joutte-rabe, s. f. — *Bette-rave*. Même radical.

Juter, v. a. — Rendre du jus.

Juchereau, s. m. — Juchoir.

Juchet, s. m. — Petit juchoir.

L

Lacheron, s. m. — Filament charnu, maladie des moutons. Vient de *lachet* ou *achée*.

LAPPE ou NAPPE, s. f. — Bardane. *Lappa* de Tournefort.

LAVART ou LAZVART, s. m. — Lézard vert.

LIE, s. f. — Couleuvre. Fille trop fluette. (Vient de lien.)

LICHAUSSER, v. n. — Vient de lien. Mettre des *lies-chausses*, jarretières.

LIASSON ou GLASSON, s. m. — Glane ou liasse de légumes. L'anglais à *léaser*, glaneur.

LICHÉE, s. f. — Lippée. Vient de lécher, qui se dit *licher*. On dit encore *relicheur*, pour gourmand, parasite.

LISSI ou LESSI, s. m. — Eau de lessive. Vient du latin *lix*, *licis*, cendre.

LITRÉE, s. f. — Bande d'étoffe. Vient de litre.

LODE, adj. — Paresseux. (V. Landar.)

LOUGER, v. a. — (Lat., *locare*.) Louer un domestique, etc.

LUGRER, v. a. — Graisser. Vient d'huile, qu'on appelle l'*eule*, ou du latin *ungere*, oindre.

M

MAINGAILLIÈRE ou MIGAILLÈRE, s. f. — Fente dans les vêtements pour glisser la main. Ce mot vient, croyons-nous, de *main* et de *guiller*.

MAINZI ou MANGI, s. m. — Nourriture verte, hachée, pour les oisons.

Malainoux, adj. — Pauvre diable. Ce mot peut venir du grec μαλακοσ, malade, mou ; du roman *malanan*, malheureux ; du latin *male noxa*, mal et malheur ; du français avec la signification de hors d'haleine, ou avec celle de mal vêtu, mal couvert, mal en laine.

Malan, s. m. — Ce mot varie de celui de *malandre* en ce que le premier s'applique aux hommes et l'autre aux animaux. Le radical est toujours mal, souffrance.

Malfin (une). — Une multitude, sans fin, une foule à faire mal.

Marageoux, adj. — Marécageux.

Marme, loc. — Ce mot est remplacé le plus souvent par *ma foi*. On dit avec toutes les significations possibles : ma foi, oui; ma foi, non. Quoiqu'on ait cherché plusieurs étymologies douteuses à cette expression, nous n'en trouvons point de satisfaisante. Nous croyons cependant que, suivant l'habitude antique de jurer par un des dieux de la fable, on a pu dire *Me hermes*, par Mercure.

Maroton, s. m. — Petit canard sauvage. Son nom, comme celui de la *marouette*, vient de mare.

Maroute, s. f. — Camomille puante, très-amère ; du latin *amarus*.

Maunet, adj. — Malpropre.

Maupitou, adj. — Sans pitié, méchant, emporté. Vient de mal et de piteux. En vieux français, *maupiteux*.

Maussais ou **Moussais**, s. m. — Fraisier des bois qui vient dans la mousse.

Mauvelance, s. f. — Malveillance.

Mendrer, v. a. — Moindrir.

Metou, loc. — Moi aussi. Du latin *me item*, par corruption *itou*.

Meulangeur, s. m. — Meulier.

Michouné, adj. — Se dit d'un animal dont les muscles saillent sur les membres de la grosseur d'une miche.

Michouner, v. a. — Manger un morceau. Vient de miche.

Mige, **Migette**, **Migeot**. — Tous ces mots viennent de mie.

Migourée, s. f. — Une nichée d'enfants. *Mi* nous échappe ; κουρη signifie jeunes filles.

Minable, adj. — Miné par la misère.

Mitan, s. m. — Milieu. Le mot se trouve dans Brantôme.

Mitron, s. m. — Mite de la farine.

Mitrouné, adj. — Marqué de petite vérole. Le mitron fait sur la farine des petits trous qui rappellent ceux du visage.

Mongette, s. f. — Haricot, fève de moine. De moine ou a fait *monge* et *Monjault*, noms de localité. Se dit au midi.

Moucher, v. a. — Couper l'extrémité des branches, pincer. Dans quelques localités on nomme *mouche* une fagotière.

Mouchon, s. m. — Souche, branche courte et grosse que supprime le jardinier aux arbres fruitiers.

Mouchasse ou **Moujasse**, s. f. — Petite fille futée, petite mouche.

Mouter, v. a. — Grossir en rendement. Vient de *mout*.

N

Nau, s. m. — Contraction de noyau. Parfois on prononce *na*.

Naulet, s. m. — Petit pain blanc qu'on ne faisait jadis que pour les fêtes : Pâques et Noël, *nau*.

Nousille, s. f. — Noisette, fruit de la *nouselière*, petite noix. Du latin *nux*.

O

Otou ou **Itou**, conj. — Aussi. Vient du latin *item*.

Ouistratra. — Cri poussé par les campagnards pour détourner les volailles des vergers. Ce cri est celui du *traquet*, petit oiseau.

P

Pacaille, s. f. — Mouron des champs. Comme la pâquerette, il fleurit vers Pâques.

Palisse, s. f. — Palissade vive.

PANNE, s. f. — Cuve à lessive. C'est peut-être une contraction de *campana*, en forme de cloche.

PAPACHIN ou PUPACHIN, s. m. — Vanneau. Cet oiseau porte une petite huppe, qu'on nomme *pupue*.

PATAFIOLE (que le diable te). — Te baptise. *Patte* et *fiole*.

PATOUILLER, v. a. — Le français dit patrouiller, agiter de l'eau sale.

PAUTRENIER, v. a. — Manier grossièrement. Vient de pétrir.

PÊCHARD, adj. — Couleur pêche.

PEGNOTTER ou PAINGNOTTER, v. a. — Mal manger, grignoter son pain.

PELON, s. m. — Bogue. Le vieux français dit *pel*, peau.

PELOUNÉ, s. m. — Tas de chataignes dans leurs pelons.

PETASSER, v. a. — Rapetasser.

PETAT, s. m. — Pièce servant à raccommoder, à petasser.

PETON, s. m. — Cochon qui a des taches noires, des petats.

PETOUNER, v. n. — Murmurer, grogner comme un peton.

PÊTRAS, s. m. — Niais, empêtré, lourd comme une pierre, *petra*.

PETRASSER, v. a. — S'impatientier, pétiller.

PIAU, s. m. — Poil. Vient du latin *pilus*.

PIAUMUER, v. a. — Changer, muer de poil.

PIFFRE, s. m. — Nez bourgeonné. Vient d'*empiffrer*, boire et manger avec excès.

PIFFRE, s. m. — Gousse d'ail grosse et longue comme un nez.

PIRE ou PIROT. — Poumon. Vient d'*apirer*, aspirer.

PIRE, s. f. — On nomme ainsi l'oie à cause de son cri.

PIRON, s. m. — Oison, petit de la pire.

PISCANE ou PISSE-CANNELLE, s. f. — Sorte de seringue.

PISCANTIN, s. m. — Petit vin qu'on tire à la *cannelle* ou *cannette*.

PLAGEOUX, adj. — Qui pèle.

PLACRER, v. a. — Plaquer.

PORTEMENT, s. m. — Ce mot rend la phrase par laquelle on s'informe comment se porte autrui. Se trouve dans Rabelais.

POTELAGER, v. a. — Manier légèrement. (Vient de patte légère).

POUGNANGE, s. m. — C'est la motte de terre sur laquelle vit un grain de blé. Quand le blé est trop épais, nos laboureurs disent qu'il mange son *pougnange*, sa poignée.

POUGNER, v. a. — Avancer trop le poignet en jouant aux billes.

POUGNETER, v. a. — Lutter à faire plier le poignet.

POUGNON, s. f. — Petite fille grosse comme le poing.

POULICHOUX, adj. — Peureux comme une pouliche.

PRANTURE, loc. — Probablement. Contraction de *par avanture*.

PRECARRER (se), v. p. — Mot à mot pour se carrer.

PRECHAT, s. m. — Petit prêcheur, faible orateur.

Preluchier (se), v. p. — Se *pour-lécher.*

Pue ou Puon. — Pointe, épine, dent de rateau, de peigne, etc. Le français a *épite*, petite cheville ; il a aussi *épois*, cors au sommet de la tête du cerf.

Q

Quaiche, s. f. — Petit navire. (V. *daiche.*)

Quéreu, s. m. — Quéroir, carrefour; par extension, cours de ferme, chaumes.

Quéreux. — Plusieurs villages portent ce nom, qui vient sans doute du celtique *ker*, village.

Quoter, v. a. — Toucher. *Quotter*, terme technique.

Quoaille, s. f. — Ce mot est français. Laine de la queue.

R

Rabater, v. a. — Frapper, cogner. Autrefois on disait *rabaster.*

Ranche, s. f. — Sorte de rampe qu'on met aux deux côtés d'une charrette. Le français a *rancher*, sorte d'échelle.

Rape, s. f. — Grappe de raisin, rafle.

Rapiller, v. n. — Grapiller.

Ratouiller ou **Ragouiller**, v. a. — Mouiller, inonder une personne ou une chose. Un *bagouillis* est un ragoût à grand bouillon. (V. *ratouiller.*)

Reboutet, s. m. — Dernière farine. Reblulé.

Recaler, v. a. — *Caler* signifie mettre plan. *Recaler* un fossé, c'est en aplanir le fond, le nettoyer.

Repaner (se), v. p. — Se reposer, reprendre des forces. Terme nautique, mettre en panne.

Revolinée, s. f. — Tourbillon.

Rigourdaine ou **Rigondaine**, s. f. — Plaisanterie, anecdote, chansonnette joyeuse. Le français a *rigaudon*, air très-animé.

Ringue, s. f. — Rouge-gorge. (V. *ringuet.*)

Ringuet, s, m. — Petit de taille. *Ginguet* a le même sens.

Robin, adj. — Rouge. Vient du celtique *rob*, rouge.

Rontai, loc. — C'est une contraction de *pronture*.

Rosseliou, adj. — Bois noueux plein de *rosons* ou rosaces.

Rouche ou **Irouche**, s. f. — Petit iris des prés.

Rouger le Biot, loc. — Ronger son frein, son billot.

Rouillon, s. m. — Débris de tuilerie couleur de rouille.

Rullot, s. m. — Rouleau.

S

Sabaron ou **Savaron**, s. m. — Demi-savate.

Saber ou **Céber**, v. a. — Eprouver une sensation brûlante à la bouche comme quand on mange une *cèbe*, ciboule.

SABOURIN ou SAVOURIN, s. m. — Savetier.

SARRAILLER, v. a. — Diminutif de serrer, comprimer.

SARRAILLIS, s. m. — Grossier raccommodage.

SÉQUANTS, a, f. pl. — Plusieurs. On dit quantes fois.

SÉQUOIRE ou SÉGOIRE, s. f. — Rigole. Vient de *séquer*, suivre.

SERINETTE, s. f. — Sorte de chardon. C'est la sarrête.

SERNUGE, s. f. — *Agrostis*. La flore de la Vienne dit *ternuge*.

SEU, s. m. — Sureau, on dit aussi *sugeat*. Le celtique dit *skav*.

SOUFFRENER, v. n. — Souffrir avec une respiration haletante. C'est un augmentatif de souffrir.

SOUILLE ou SOUSILLE, s. f. — Sorte de poche, souvent faite de morceaux, dans laquelle on renferme de menus linges pour mettre à la lessive. Ce mot vient peut-être de souiller, salir, ou du latin *sutilis*, cousu, composé de pièces.

SOUSSAYER, v. n. — Quand il prend souci du temps, le poitevin dit : Le temps me *soussaie*, il me paraît long. Par suite, ce mot est devenu synonyme de durée, bon usage, augmentation de volume. La pâte qui gonfle *soussaie*, l'habit qui dure *soussaie*, etc.

SUPPOLENCE, s. f. — Ce qui se suppute. Différence.

T

TABOURNER, v. a. — Tambouriner.

TALIGOT, s. m. — Grosse taille de pain.

TALLÉE, s. f. — Lieu où poussent des talles, chataigneraie.

TASSÉE, s. f. — Cépée, touffe, tas.

TATOUILLE, s. f. — Rossée qui vous met en marmelade.

TATOUILLADE, s. f. — Marmelade de fruits trop mouillée.

TATUCER, v. a. — Parler bas. Imitatif.

TENAILLER, s. m. — Ratelier qui tient le pain suspendu.

TENON, s. m. — Lisières d'enfant. Vient de tenir.

TERNUGE, s. f. — (V. *Sernuge.*) *Traînuge, traînasse.*

TERRUCHAUT, s. m. — Haut terrier.

TIATIA, s. m. — Grive. *Chacha*, id. Vieux mot.

TIRAILLE ou TIRAGNE, s. f. — Viande musculeuse.

TIRAGNI, s. m. — Fils de la vierge. (Vient de tire.)

TOUAILLE, s. m. — Nappe. Vieux français.

TRAQUE, s. f. — Taille. On dit une bête de haute ou basse *traque* (terme de venerie). (Vient de *traquer.*)

TRECHER, v. a. — Chercher, *trucher*, mendier.

TRENÈGE, adj. — Terne.

TRENSE, s. f. — Trèfle. *Tres*, trois ; sous-entendu, feuilles.

TRENSEAU, s. m. — Champ qui a porté du trèfle.

TRIBALÉE, s. f. — Viande de porc qu'on *trimbale* aux foires.

TRICOLER, v. a. — Marcher en zig-zag, tricoter.

V

Vacable, adj. — Vient du verbe français vaquer, s'occuper à. . . .

Varai, s. m. — Fusain aux branches vertes.

Vaste-Vaste, loc. — Aller à la *boule-boule*, comme un brouillon.

Vaster, v. n. — Aller à ses affaires. Vient de *baster*, suffire. C'est le *v* pour le *b*.

Vasteron, s. m. — Petit domestique.

Vastillouner, v. n. — Aller et venir sans but. C'est un diminutif de *vaster*.

Vedet, s. m. — Petite voie.

Verdingot, s. m. — Poivre vert, piment.

Vérer, v. n. — Il faudrait dire *dévérer*. Ce mot s'applique aux fruits qui commencent à mûrir : aux raisins.

Vérir, v. n. — Moisir et verdir.

Verniclart, adj. — (V. *frénicler*, l.)

Vesicler ou Besicler, v. n. — Ne rien faire, regarder voler les mouches avec ou sans bésicles.

Vezinguer, v. a. — Inonder comme avec une seringue ou une *vezingue*, vessie.

VIGUENER ou BIGUENER, v. n. — S'occuper à des vétilles. (V. *Biguenailler*.)

VIOCHE, s. f. — C'est la corruption de *veillotte*, petit tas de foin que fait le fouracheur.

VIREMAIN, loc. — Faire un travail dans un *viremain*, c'est le faire rapidement, n'avoir qu'à *virer* la main.

VIREMARION (à). — Avoir à *viremarion* ou à *vire-Marie*, c'est avoir en abondance.

VIRER, v. a. — Tourner. Ce mot nous donne les trois suivants.

VIROUNER, v. a. — Diminutif de *virer*.

VIROUNIS, s. m. pl. — Tours et détours.

VIROUNOU, s. m. — Tourniquet où l'on suspend l'enfant qui ne marche pas.

VISOIRE, s. f. — La figure dans la partie visuelle.

VOUIEL-VOUIELLE. — C'est le pronom personnel ajouté à l'adverbe *oui*, qui se prononce *voui*.

VOUINAGE ou BOUINAGE, s. m. — Caractère selon l'influence du vin bu.

VOURE, adv. — Où. L'anglais dit *where*.

VRASSOU ou BARRASSOU, adj. — Qui embrasse trop.

VREDELLE, s. f. — Verge pour faire *vreder*.

VREDER, v. n. — S'en aller vite. Vient de *vréder*, aller et venir sans objet.

VREDASSE ou BREDASSE, adj. — Qui s'occupe de tout mal à propos. Même radical.

Vredoc, s. m. — Gros robinet où le liquide passe rapidement.

Vreliard, adj. — Homme peu franc qui manque à sa parole.

Vrelier, v. n. — Tourner en spirale, comme les vrilles du liseron, que l'on nomme *vrillée*.

Vrelioche ou Vrioche, adj. — Animal impatient qui remue sans cesse. Même radical.

Vrenusser, v. n. — Passer son temps à des riens. (V. *Brenuser*.)

Dans la dernière partie de cet ouvrage, dans le glossaire poitevin-français, nous avons dû introduire quelques expressions étrangères au français ; ces expressions oubliées ou acquises à la dernière heure, ne peuvent que rendre notre livre plus complet, et nous avons la conviction d'avoir donné asile à tous les principaux mots employés dans la contrée.

Le lecteur nous rendra cette justice, que nous n'avons reculé devant aucune étymologie ; sans doute beaucoup d'entre elles laisseront à désirer et d'autres ne seront pas du goût général, mais deux faits insurmontables surgissent de ces matières : la diversité des avis et l'erreur inhérente aux travaux les plus érudits.

Pour rendre notre travail plus précis, nous l'avons divisé en quatre glossaires, non dans le but de faire croire que les mots bretons ne sont pas parfois latins et ceux-ci celtiques, mais dans la conviction qu'ils ont été jetés directement en notre patois dans l'ordre établi.

Dans une multitude de mots, le grec, le latin et le celtique accusent une telle identité que nous n'osons, à leur égard, nous prononcer pour l'une ou l'autre de ces langues. Rien de plus ordinaire que de tomber en quelque confusion.

Qu'on nous permette un exemple :

Diu, en patois poitevin, signifie *Dieu* ; or, d'où nous vient ce mot et sa prononciation ?

Nous lisons dans un ouvrage déjà cité, *la Bretagne* :

« Le *Deva* sanscrit, le *Div* zend, le *Dew* slave, le *Dis* des Gaulois, tous signifient Dieu.

Dis ou *Tis* dérive de *Diu*; *Dew*, jour, lumière céleste, synonyme du *zeus* des grecs, du *Dies* et du *Deus* des latins, la grande lumière, le premier et le souverain être. »

Les mots poitevins retrouvés en Bretagne sont de la plus haute antiquité, et nous viennent de cette province s'ils n'ont été conservés du temps des Pictes ; il en est de même des mots anglais, dont les similaires parfois se rencontrent dans le latin, ce qui est tout naturel, cette langue étant en partie néo-latine. Les expressions que nous devons à l'anglais portent en elles une prononciation qui en désigne l'origine toute britannique.

Le patois est le même dans toute l'étendue de l'ancien Poitou, les mots n'y sont un peu modifiés que par la prononciation, qui diffère d'un arrondissement à l'autre.

Il n'est pas d'expressions appartenant à une localité plutôt qu'à l'autre, seulement elles sont plus familières ici que là-bas, mais elles sont partout connues. Il est des mots que nous n'avons entendu prononcer que deux ou trois fois depuis vingt ans et d'autres qui sont de tous les instants.

Les mots patois ne se perdent point et sont peu susceptibles d'être dénaturés par la raison qu'ils ne peuvent être remplacés que par un synonyme français. On est surpris de la conservation des expressions les plus anciennes ; mais cet étonnement cesse en pensant à l'isolement du campagnard et de son peu de fréquentation avec les classes éclairées, du moins dans quelques contrées (1).

Quand du fond des villages le paysan sort pour se rendre à la ville, il essaie de modifier son langage un instant, instant toujours assez court, pendant lequel il parle aux gens instruits, à ceux qui ne sont pas de sa robe, comme il dit ; mais vient-il à rencontrer un *planais*, un *maranduis*, un *bocain*, un *gâtinais*, ou un *pelle-bois*, il revient à son langage, et de laconique qu'il était d'abord il se montre verbeux.

Pour réunir un grand nombre de mots purement patois, il ne faut point les demander à un campagnard, puisqu'il ignore leur qualité ; malgré la meilleure volonté, son secours est complétement inutile, c'est en vain qu'il cherche dans sa pensée la signification de telle ou telle expression, il ne la découvre qu'imparfaitement. Les mots patois doivent être pris sur le fait et enregistrés en même temps qu'ils sont prononcés, le sens n'en peut alors échapper, et la confrontation s'établit le cas échéant. Cette confrontation, qui se fait par une nouvelle audition ou par les écrits connus et sûrs, ne doit pas être négligée, car une assez grande anarchie s'est produite depuis quelques années dans le patois qui est un peu devenu de mode et qui tend à se franciser.

Il ne faut pas se figurer que cette bonne fortune d'enregistrer une expression rare soit donnée à plusieurs reprises ; nous savons des mots de notre glossaire que nous avons entendus deux fois au plus, mais étant bien constatés et répondant à une étymologie évidente, nous n'avons pas hésité à les donner.

Pour obtenir un résultat sérieux, dans un tel travail, il est nécessaire de vivre au milieu des populations rurales, dans une région peu avancée, et d'employer les instants que la nécessité ou la volonté obligent à passer avec les ouvriers des champs à

(1) En lisant les vieux auteurs des XIVe, XVe, XVIe et XVIIe siècles, on retrouve une foule d'expressions conservées par le patois poitevin.

bien écouter et à saisir des nuances qui seraient mal perçues par des oreilles inaccoutumées.

C'est ainsi que nous sommes parvenus à donner dans ce livre une notable quantité de mots jusques ici inconnus dans les écrits traitant de cette matière.

Trop de confusion règne dans l'étude du patois poitevin, des expressions sans ortographe et de sources certaines sont rendues dans le sens le plus arbitraire, selon la fantaisie de l'écrivain, ce qui le rend aussi illisible que pénible à comprendre.

Ce patois cependant a ses règles et ses origines, mais il sort des langes, et bien des années s'écouleront avant qu'on le possède en entier. Nous, qui depuis bien des années nous occupons de ces recherches, nous avouons humblement que jusqu'à la dernière heure nous avons dû inscrire des mots nouveaux pour nous. Après une étude attentive, nous croyons cependant qu'un glossaire patois poitevin complet ne contiendra jamais plus de trois mille mots, où l'élément latin dominera pour les deux tiers environ (1).

Le patois ne grossit plus son bagage, il est à son déclin, mais il ne périra pas de bien des siècles encore. Enfant du peuple, comme lui, il est routinier et tenace. Il ne faut pas croire que les jeunes campagnards des deux sexes, qui ont reçu de l'instruction, cessent de parler le langage du berceau? Oh! non. On se défait malaisément des habitudes de l'enfance, et parler mieux que la foule agreste, expose à être ridiculisé par celle-ci.

Si le nombre des mots patois n'est pas considérable, on obvie à cette pénurie par l'extension, c'est-à-dire que presque tous les mots comportent le figuré. Il en résulte même que l'abus de cette faculté détourne ou amoindrit le sens primitif du mot;

(1) Nous disons les deux tiers en y comprenant un tiers de vieux français venant lui-même en partie du latin.

aussi, dans nos glossaires, avons-nous été sobre de ces indications, et avons-nous rappelé autant que possible et laconiquement chaque mot à sa juste valeur.

Le patois poitevin, construit de mots disparates pris dans plusieurs langues, n'est ni riche ni agréable à parler; la prononciation en est rude et difficile; les tournures de certaines phrases rappellent celles du moyen-âge, et Rabelais est peut-être des vieux auteurs celui qui en offre le type le plus rapproché. Dans ce *parlange*, comme on dit ici, les idées élevées se rendent misérablement tant les ressources sont insuffisantes et les expressions triviales.

Comme cela doit être, dans tout honnête et modeste patois, on n'y désigne que les choses communes et les plus ordinaires aux besoins de la vie, la partie morale demeure dans l'ombre de même qu'une superfluité.

Cette pauvreté, dans un patois peu connu, si peu propre à la poésie, n'a pu néanmoins effrayer quelques éccrivains et poètes du crû dont les productions, le plus ordinairement bouffonnes, remplissent une foule d'écrits. Nous ne condamnons point ces amusements de l'esprit, nous mêmes nous nous y sommes livrés. Qu'on nous permette de reproduire une de nos petites pièces qui fera juger ce genre de littérature :

Marme, y velait âtre mossieu,
Causa pointu dons dos mitanes,
Atre thieu-thi, pis core thieu,
M'enroula dons lés capitanes.
Mâ Jacquiet Tientard, le taupou,
In vieux sourça, thi n'é ja fou,
Me dissit dons noutre cougnasse,
Voure le taupait en fevray,
Fouis, moun ami, de thiau charray,
T'y lairas ta pauvre benasse;
Reschte pinzan avoiq tés bots;
Meux vaut se sarvir de sés paucres
Que de dets bions, fiattont lés autres.

Cheux lés mossieux ol a dos sots
Et pre soulas et pre grégots.
Le se disont des prepous aigres
Tout coume dons nos turnes nègres.
Reschte thi, ne sais ja jeloux :
Mâ si le prenont ton parlonge
Tu lour diras, à ta louonge,
Causez ccume ot cause cheux vous.

Cet échantillon de poésie patoise a pour but de démontrer qu'il est possible, tout en tenant compte de la prononciation, d'écrire correctement avec règles et mesures et surtout d'éviter les abréviations, car tous les mots peuvent s'écrire en entier.

Presque tous les auteurs qui se sont occupés de rimer en poitevin semblent, tant ils étaient animés du désir de bien faire saisir la prononciation, s'être donnés la tâche d'écrire des clés diplomatiques non accompagnées de l'explication.

Il existe des patois tellement complets, où la langue mère est si effacée ou masquée, qu'ils ressemblent à un idiôme parfait et qu'un auditeur étranger n'en peut rien comprendre quand il écoute ; aussi n'est-il pas rare de voir, dans les contrées qui les possèdent, des personnes instruites les parler avec satisfaction. Il n'en peut être ainsi du patois poitevin qui, mélangé au français presque pur, n'offre à l'oreille qu'un assemblage de mots manquant d'harmonie.

Les campagnards seuls parlent le patois, mais un patois moins dur que celui de leurs pères et qui se perd de jour en jour ; si les érudits s'en occupent, c'est afin d'en constater la singularité, l'histoire et l'origine.

Tel a été notre but.

Vitré, le 31 décembre 1866.

NOTES

« La Gaule soumise par les armes romaines, se laissa imposer les mœurs, les institutions et la langue de ses vainqueurs. La substitution du latin au langage des Gaulois s'opéra avec d'autant plus de facilité que les deux idiomes, ayant une origine commune dans le sancrit, conservaient sous leur dissemblance extérieure un fonds commun et de notables affinités. » (Eugène Géruzez.)

Ces quelques lignes tirées de la première page du livre si remarquable de l'histoire de la littérature française depuis ses origines jusqu'à la révolution, nous expliquent ce mélange continuel de celtique et de latin, adopté par la langue romane, et que nous trouvons dans le patois poitevin à chaque page, ce qui rend très confuse l'origine de la plupart de ses mots.

La langue romane, qui fut parlée en France durant le moyen-âge, a de nombreuses traces, encore vives dans le Poitou, tant pour les vieux mots que pour la prononciation des expressions du commencement de la renaissance. C'est ainsi que nous disons encore :

Longe pour longue.
Emperour pour empereur.
Chaire pour chaise.
Tretous pour tous.
Bues pour bœufs.
Lairrer pour laisser.
Li pour lui.
Biauté pour beauté.
Defors pour dehors.
Avoec pour avec.
Diu pour Dieu.
Cop pour coup.
Poi pour peu.
Jornée pour journée.
La poison pour le poison.
Prindre pour prendre.
Maulvaistié pour sentiments mauvais. *(La Boétie.)*
Prou pour assez.
Gousier pour gosier. *(Rabelais.)*
Fonde pour fronde. *(Montaigne.)*
Poiser pour peser.
Cheminer pour marcher.
Devaler pour descendre.
Branler pour remuer.
Bailler pour donner.
Fillaude pour fille. *(Brantôme.)*
Paour pour peur.
A dire pour absent. *(Montaigne.)*
Desquiex ou *desquieux* pour de ceux, ou desquels.
Coper pour couper.

Etelle pour étoile.
Telle pour toile.
Poissant pour puissant.
Mirouer pour miroir. *(Montaigne.)*
Garir pour guérir.
Derrain ou *deré* pour dernier.
Paroule pour parole.
Treuver pour trouver.
Mimpris pour mépris.
Escandale pour scandale.
Demourre pour demeure.
Pourmener pour promener, etc., etc.

Tous ces mots se trouvent dans le roman de la *Rose*, dans le sire de Joinville, dans Jean de Meung, dans Jean Froissard, Alain Chartier, François Villon, et dans les auteurs de la renaissance : Marot, Rabelais, etc....

Voici quelques vers où nous trouvons plusieurs vieux mots conservés par le patois :

Ne placet deu, ço li respunt Rollant,
Que ço seit dit de nul humę vivant
Ne pur paien que ja sei-jo cornant !
Ja n'en aurunt reproece ni parent.
(La chanson de Rolant.)

Par son seigneur deit hom susfrir granz mals,
Et endurer e forz freiz e granz chalz.
(La chanson de Rolant, XIe siècle.)

Le patois poitevin bien écrit rend encore de nos jours exactement ces vers.

Sachiés qu'il n'i ot si hardi à qui la char ne fremesist; et ce ne fut mie merveille s'il s'en esmaièrent.......
(La conquête de Constantinople, par JOFFROI DE VILLEHARDOIN.)

Par poi ne l'a jeté el fu.
Pour peu il l'eut jeté au feu.

Ce vers vient d'un récit intitulé *Saint-Pierre et le Jongleur*, et fut écrit au commencement du moyen-âge par un poète inconnu.

Dans les chansons de Thibaut, comte de Champagne, qui chantait sous Louis IX, nous trouvons ces deux vers :

Mais la pointe du fer n'en puis *sachier*,
Qu'ele brisa dedans au cop donner.

Le mot *sachier* signifie retirer, c'est peut-être là le radical de *sacquer*, serrer, placer, mot qui se trouve dans nos glossaires.

Qui trop croit en trésor trop a le cuer *lanier*
(LAMBERT DE CHATEAUDUN, XIIe, siècle.)

Lanier signifie sans énergie. Le patois poitevin a gardé *lagnoux*, homme mou, paresseux.

Et Lancelot jusqu'à l'entrée
Des *ialz* et del' cuer la convoie.
(CHRÉTIEN DE TROYES.)

Le patois dit encore *ials* ou *ails* pour yeux.

Et li vilain et li *eschars*.... *(avare)*
(GUYOT DE PROVINS.)

Le patois dit *écharder* pour rançonner, exiger plus qu'il ne faut.

Les aumônes qui sont déues
As lasses gens povres et nues,
Febles et viez et *mehaigniés*,
Par qui pains n'est mès gaignies.
(Roman de la Rose.)

Le patois rend le mot *mehaigniés*, pauvre diable, éclopé, misérable par malainoux.

Vos *joetes* font deux fosses toudis
En souriant, ô belle plus que belle.
(EUSTACHE DESCHAMP, XIVe siècle.)

Le mot *joete*, joue, était encore employé (1).

Il nous serait facile de prodiguer une foule d'exemples tendant à prouver que le patois poitevin n'est que la langue du moyen-âge, mais nous croyons cette démonstration complète.

(1) Les vieux mots se trouvent plus ou moins répandus dans les divers patois de France, nous avons eu souvent l'occasion de le constater, et récemment encore, dans les causes célèbres, affaire de Marcellange, un témoin disait : il me *sugne* (il me regarde).

En patois poitevin, *sugner* signifie regarder en dessous, sournoisement.

TABLE DES MATIÈRES

NIORT, IMPR. TH. MERCIER, RUE YVERS, 1.

www.ingramcontent.com/pod-product-compliance
Ingram Content Group UK Ltd.
Pitfield, Milton Keynes, MK11 3LW, UK
UKHW021141260726
13994UKWH00001B/237

9 782329 420080